Daniela Braun

Handbuch
Kreativitätsförderung

Theorie und Praxis für die Arbeit
mit Kindern

Herder Freiburg · Basel · Wien

Für 8 und Lucas und Johannes

Anschrift der Autorin:
Daniela Braun
Fachhochschule Koblenz
Fachbereich Sozialpädagogik
Finkenherd 4
56075 Koblenz

Gedruckt auf umweltfreundlichem, chlorfrei gebleichtem Papier

Umschlaggestaltung: Joseph Pölzelbauer, Freiburg
Umschlaggraphik: Barbara Theis, Freiburg
Fotos: Kindertagesstätte Ziegelgrund, Recklinghausen
Illustrationen: Johannes Braun

Alle Rechte vorbehalten – Printed in Germany
© Verlag Herder Freiburg im Breisgau 1999
Satz: Barbara Herrmann, Freiburg
Druck und Bindung: Freiburger Graphische Betriebe 1999
ISBN 3-451-26972-4

Inhalt

II. Teil – Praktische Umsetzung

Vorwort

Kreativ-Shops, Kreativ-Friseure, Kreativeres, kreative Entspannungstechniken, kreatives Arbeiten, kreative Mitarbeit, kreative Aufgaben,
kreatives Reisen – die Liste der „Heilsbotschaft", die mit Kreativität
assoziiert wird, könnte beliebig lang fortgesetzt werden.

   Das Wort Kreativität in Zusammenhang mit Angeboten verspricht Neuartiges, und man kann zu Recht dahinter eine werbe-
wirksame Intention vermuten. Es ist wie bei des Kaisers neuen Klei-
dern: Sieht man richtig hin, so stellt man fest, daß der arme Kerl in
Wirklichkeit nackt ist. Kreativ-Shops sind Geschäfte, die Bastelmate-
rial und -anleitungen anbieten. Kreativ-Friseure schneiden auch nur
die Haare entsprechend der jeweiligen Modetrends und der Wünsche bzw. Köpfe ihrer Kunden und Kundinnen. Kreative Reisen ent-
puppen sich als ins Ausland verlegte Aquarellmalkurse oder ähnliches, das auch die örtlichen Volkshochschulen anbieten. Kreative
Kurse der Gestaltung oder Entspannung sind Angebote, bei denen
Methoden vermittelt werden, deren Nachahmung eine Verbesserung
der persönlichen Befindlichkeit ermöglichen sollen. Und kreative
Mitarbeiter mit kreativen Aufgaben finden nur selten wirklich jenen
Gestaltungsspielraum, den das Wort „kreativ" suggeriert und den sie
sich erhofft haben, in ihrer beruflichen Arbeit zu finden. Die Gesellschaft scheint überschwemmt zu werden mit dem Begriff der Kreativität, der für die verschiedensten Lebensbereiche Hoffnung, Sinn,
Erleben, Freiheit und Neuheit verspricht. All dies wäre nicht so problematisch, wenn in den einzelnen Lebensbereichen nicht zu hohe
Erwartungen an den Kreativitätsbegriff geknüpft würden, hinter denen die Realität manchmal zurückbleibt.

   Bei soviel Präsenz des Kreativitätsbegriffs kann der einzelne
Mensch wohl auf den Gedanken kommen, seine eigene Kreativität an-
zuzweifeln. Da es aber eine zukunftsweisende Anforderung der Gesellschaft zu sein scheint, mag er sich vielleicht den verschiedensten

Kursen zur Förderung seiner Kreativität widmen oder sich verschiedenster Bücher bedienen, die diese Fähigkeit durch verschiedenste Methoden vermitteln könnten. Am Ende bleibt aber die Sackgasse, etwas von anderen Menschen bereits Ersonnenes nachzuahmen und zu übernehmen, was zwar für ihn eine Neuheit darstellt, aber im Sinne wirklicher Kreativität keine Anteile eigener Erfindungsleistungen aufweist.

Kreativität ist kein Rezept für besondere Lebenslagen. Sie ist eine Problemlösungsfähigkeit, die sich jeder einzelne Mensch auf der Basis seines Verstandes, seiner Gefühle, seiner Vorstellungskraft und seines Handelns in der Auseinandersetzung mit sich selbst und im Austausch mit anderen Menschen erschließen kann. Den spontanen Zugang zu diesem Potential zeigen besonders Kinder in ihrer noch unorthodoxen Weltsicht und Handlungsweise. Doch der Zugang zur eigenen Kreativität, die sich auf alle Lebenslagen bezieht, die die Aufgaben des Lebens auf immer neue Weise löst und die eigene Lebensgestaltung immer wieder neu entwirft, scheint mit dem Erwachsenwerden zunehmend verloren zu gehen zugunsten einer Anpassung, die eher der Angleichung an bestehende Denkschemata und stereotype Verhaltensweisen dient als der Einsicht in die Notwendigkeit von Entwicklung, Veränderung und Flexibilität.

Kreative Kompetenz bedarf der Veränderung des eigenen Selbstbildes und Selbstverständnisses. Dadurch erst verändern und erweitern sich Denk- und Handlungsmuster, öffnen sich Möglichkeiten und Wege, die zuvor nicht erkannt und nicht beachtet wurden.
Kreative Kompetenz läßt sich nicht durch Entspannungstechniken oder Bewußtseinstrainings einüben, wie Golemann, Kaufmann und Ray in ihrem Buch „Kreativität entdecken" (1997) rezepturhaft vorstellen und glaubhaft machen wollen, mit dem Versprechen, daß sich das persönliche Lebensgefühl positiv verändert.
Kreativität für sich selbst zu bejahen, ist eine Grundeinstellung zum eigenen Selbst, das sich bewußt ist, selbständig und eigenständig Anforderungen und Aufgaben des Lebens angemessen bewältigen zu können. Sie macht das Vertrauen in eigene Lebensenergien, Gestaltungskräfte und Denkfähigkeit aus. Sie ist die Einsicht in Le-

benszusammenhänge und die Erkenntnis persönlicher Fähigkeiten und Grenzen. Einsicht und Erkenntnistätigkeit sind begleitet von der Bereitschaft zu vorurteilsfreier Wahrnehmung und unorthodoxem Handeln. Kreativität ermöglicht zwar neue Ideen und neues Handeln, überprüft aber gleichzeitig die Ergebnisse auf ihre Angemessenheit und mißt sie an der Realität. Kreativität ist damit jene Fähigkeit der zielorientierten und auch spielerischen Selbsteuerung, die ein Mensch in konkreten Lebenszusammenhängen zu entfalten, zu entwickeln und zu aktualisieren aufgefordert ist, wenn er der Umwelt aufgeschlossen gegenübersteht und bereit ist, Verantwortung für eigenständiges Handeln zu tragen.

Kreativität ist keine Anleitung zum Glücklichsein, denn kreative Leistungen erfordern auch Anstrengung, Disziplin, Mut und Durchhaltevermögen. Das Ergebnis ist nicht immer perfekt, die soziale Akzeptanz nicht garantiert. Da kreatives Denken und Handeln nicht immer den Verhaltenserwartungen der Umwelt folgt, wird ihm oftmals mit Skepsis und Ablehnung begegnet. Der Gewinn der Kreativität liegt allerdings in einem hohen Ichbewußtsein, was Zufriedenheit mit sich selbst und daher ein verbessertes Lebensgefühl bewirkt.

Die Steigerung der Lebensenergie wird ermöglicht durch die Erfolgserlebnisse, die kreative Leistungen mit sich bringen können.

Kreativität ist eine so zentrale Kompetenz des Menschen, daß sie in der Erziehung und Bildung von Kindern und Jugendlichen im Mittelpunkt der Bemühungen stehen sollte. Die einzelnen Elemente des Phänomens menschlicher Kreativität wie das kreative Denken, das kreative Handeln und die kreativen Prozesse lassen sich mit geeigneten Methoden anstoßen, unterstützen und fördern. Kinder haben mit ihrer Spontaneität, Neugier und Weltoffenheit die besten Voraussetzungen zur Entfaltung von Kreativität.

Doch die gesellschaftliche Fokussierung auf die „große" Kreativität mit den an sie gebundenen hohen Erwartungen bewirkt, daß die alltäglichen kreativen Leistungen einzelner Menschen und auch der Kinder viel zu unbemerkt und unbeachtet bleiben. Verstärkende und unterstützende Resonanz ist aber unerläßlich für die Weiterentwicklung kreativer Fähigkeiten. So führen überhöhte Erwartungen an die

Kreativität zur Neutralisierung ihrer Wirkung und Möglichkeiten. Werden überhöhte Erwartungen an den Begriff Kreativität gestellt oder folgen diese Erwartungen stereotypen Vorstellungen wie Großartigkeit, Einzigartigkeit, Innovation, Produktivität und Perfektion, dann kann der einzelne Mensch sich darin kaum wiederfinden und wird seine eigenen, unzähligen, selbst entworfenen Gestaltungs- und Darstellungsformen oder auch Lösungen der Alltagsgeschehnisse nicht als kreativ bewerten und dann sich selbst auch nicht als kreativen Menschen einstufen. So ist also der Mythos Kreativität weder für den einzelnen Menschen noch für eine Gesellschaft, die sich aus einzelnen Menschen zusammensetzt, hilfreich, weil er so abstrakt und damit nicht mehr konkret greifbar ist.

Betrachtet man aber die Kreativität entmystifiziert auf der Ebene von Alltagszusammenhängen, so wird deutlich, daß sie ein wichtiges Instrument der Lebensgestaltung ist, über das jeder verfügen kann und von dem Gesellschaften profitieren können. Um dieses Potential der Lebensgestaltung im Dienste aller auszuschöpfen, sollte damit begonnen werden, Kindern und Jugendlichen ihre oft spontan auftretende Kreativität nicht „abzuerziehen", um ein möglichst hohes Maß an Anpassung zu erhalten, sondern sie möglichst früh in der Entwicklung ihrer Kreativität zu unterstützen und zu fördern, damit sie für das Leben in einer sich schnell wandelnden Gesellschaft mit all ihren komplexen Anforderungen über ein geeignetes Instrument der Lebensgestaltung verfügen.

Hartmut von Hentig schreibt in seinem Buch „Kreativität – Hohe Erwartungen an einen schwachen Begriff":

„Anders ist es beim Wort Kreativität. Es steckt noch voller Versprechungen. Jeder weiß es zu nutzen, keiner kritisiert es. Es ist gleichermaßen beliebt bei Umweltschützern, Wirtschaftsführern und Pädagogen, den schwarzen, roten, grünen und blau-gelben Parteien ... Also entweder: Dieses Merkmal ist allgemein angesagt, wird endlich als notwendiges Instrument der Lebensbewältigung erkannt, hilft und funktioniert schon und wird uns vollends voranbringen, wenn wir es energisch weiterentwickeln und einsetzen. Oder: Kreativität bezeichnet in erster Linie unsere Not, eine schmerzlich empfundene und schwer aufhebbare Entbehrung; wir haben nicht, was wir brau-

chen; in dem beschwörenden Gebrauch, den wir von dem Wort ma-
chen, spricht sich ein verdecktes Urteil über unsere Lage aus ..."
(1998, S. 10).

Er kritisiert damit hart den Begriff, der nahe daran zu sein scheint,
eine bloße Worthülse zu werden, und auf den folgenden Seiten deckt
er scharfsinnig die Überschätzung der Ergebnisse der Kreativitätsforschung auf. Aber seiner Polarisierung in die beiden Bereiche, entweder sei Kreativität ein Instrument der Lebensbewältigung oder ein
Merkmal unseres Mangels an Kreativität, kann ich nicht zustimmen,
denn es trifft beides zu: Kreativität ist sowohl ein Instrument der Lebensbewältigung, das zu entwickeln lohnt, das bereits funktioniert
und nicht erst neu entdeckt werden muß. Zugleich deckt der stark
aufbrechende Ruf nach Kreativität einen eklatanten Mangel und Miß-
stand auf. Das ist auch nicht weiter verwunderlich, denn die Komplexität der Probleme einer Gesellschaft wie der unsrigen mit ihrer
hohen Arbeitslosigkeit, den Umweltproblemen, dem immer schneller
erfolgenden Wandel von Werten und Normen, der rasanten Entwicklung neuer Technologien, der sozialen Isolation und dem stärker werdenden Ungleichgewicht zwischen Chancenverteilung und Benachteiligung, dem Druck in der Wirtschaft nach Produktivität,
Innovation und damit Wettbewerbsfähigkeit bei gleichzeitiger Entwicklung zur Globalisierung schreit geradezu nach neuen Antworten
auf die veränderten Fragen der Existenzsicherung von Menschen und
Gesellschaften. Es besteht ein tatsächlicher Bedarf an neuen Ideen,
neuen Lösungen, neuen Konzepten für die konkreten Anforderungen
der einzelnen Lebenssituationen und der globalen Situationen von
Gesellschaften. Von Hentigs Kritik an der Kreativitätsforschung ist sicherlich angebracht, denn sie wendet sich gegen eine sehr elitäre Be-
trachtungsweise der einzelnen kreativen Persönlichkeit mit ihren herausragenden, einzigartigen Leistungen und die Erwartung, man
müsse die Kreativität nur fördern und herausragende Leistungen wären gezielter und häufiger erreichbar. Dennoch hat die Kreativitätsforschung auch die wichtige Erkenntnis ermöglicht, daß es sich bei
der Kreativität um eine Problemlösungs- und phantasievolle Gestaltungskompetenz handelt, die von individueller und gesellschaftlicher
Bedeutung ist und durch Denken und Handeln entwickelt wird.

Der Problemlösungsaspekt von Kreativität, der der Lebensbewältigung dient, und ihr Aspekt spielerischer Gestaltung, der der Lebensfreude und Zufriedenheit dient, sind die Schlüssel zu den Chancen und Möglichkeiten von Kreativität. Der einzelne Mensch hat die Möglichkeit, das Maß seiner Kreativität immer wieder neu zu bestimmen, zu aktualisieren und zu entwickeln.

Die Kritik von Hentigs und die amerikanischen Ansätze der Kreativitätsforschung waren Anlaß, mich mit der Kreativitätsförderung bei Kindern auseinanderzusetzen und Ansätze hierfür zu entwickeln. In institutionellen Erziehungs-, Bildungs- und Betreuungseinrichtungen für Kinder wie Kindergärten, Kindertagesstätten und Horten sollte die Förderung von Kreativität in den gesamten Erziehungsprozeß als integraler Bestandteil von Entwicklungsanreizen einbezogen werden. Aus diesem Grunde werden im Teil I die theoretischen Grundlagen für das Verständnis von Kreativität angelegt, während in Teil II Praxismethoden zur Förderung kreativer Erfahrungen und Aktivitäten beschrieben sind.

Dem Lektorat des Verlages Herder möchte ich persönlich danken, denn die Entfaltung meiner eigenen Ideen zu diesem Buchprojekt wurden aufgegriffen, unterstützt und in gemeinsamen Gesprächen weiterentwickelt. Bei jenen Freunden und meinen Söhnen, die stets bereit sind, mich in der Entwicklung von Ideen und Aktivitäten zu unterstützen, möchte ich mich ebenso bedanken.

I. Teil
Theoretische Grundlagen

1 Einleitung

Wenn ich Sie, verehrte Leserinnen und Leser, nun fragen würde, was Ihnen spontan zum Begriff „Buch" einfallen würde, so könnten Ihre Antworten lauten: Romane, Erzählungen, Lesen, Bücherregal, Fotobände, Büchereien, Antiquariat, Papier, Zeichnungen, Tagebuch, Geschenke, Urlaub, Rotwein, Schaukelstuhl, Lernen, Freunde, Unterhaltung, Wissen, Geschichten, Komik, Spannung, Vorlesen, Sammeln, Bibel, Bilder, Rezepte, Einband, Goldschnitt, Alleinsein, Gemütlichkeit, Anstrengung, Namen, Terminkalender, Zeit haben, Taschenlampe, unter der Bettdecke, selbst schreiben.

Diese vielen verschiedenen Antworten gehen über die Grenzen unmittelbarer Assoziationen zum Begriff Buch, wie z. B. Lesen, hinaus und zeigen eine Vielfalt der Einfälle, die zunächst wenig miteinander zu tun haben. Was verbindet einen Rotwein sowie einen Schaukelstuhl mit einem Buch? Vielleicht die Situation, die ich mir als Leserin schaffe, wenn ich ein gutes Buch zur Hand nehme und die mir bei dem Begriff Buch einfällt.

Die möglichen Antworten sind vielfältig und spiegeln verschiedene Zugänge zu dem Begriff und seiner Bedeutung wider. Man kann ein Buch unter den Gesichtspunkten seines Inhaltes betrachten, man kann es unterschiedlich verwenden und damit seinen Gebrauchswert beschreiben, man kann es als Symbol für die Gestaltung verschiedener Lebenssituationen wie Urlaub, Freizeit, Beruf oder Ausbildung betrachten. Bücher lassen sich unter dem Aspekt von Pflicht und Freiheit bewerten, wie z. B. einerseits die Pflichtlektüre in Beruf und Ausbildung und die frei gewählte Lektüre zur Befriedigung persönlicher Bedürfnisse. Bücher lassen sich auch zweckentfremden wie in dem berühmten Cartoon von O. E. Plauen unter dem Titel „Vater und Sohn". Hier bittet der Sohn seinen Vater nämlich um mehrere dicke Bücher von Goethe. Der Vater, offensichtlich verwundert über das Bildungsinteresse seines Sohnes, folgt ihm, um zu sehen, was er mit den Büchern macht. Im Garten sieht er seinen Sohn, wie dieser auf den übereinandergestapelten Büchern steht, um einen Apfel vom Baum zu pflücken!

Flexibles Denken und Handeln

Flexibles Denken bedeutet, verschiedene Gesichtspunkte einer Sache zu betrachten. Kreativität ist Denken und Handeln über die üblichen Gesichtspunkte hinaus. Sie ist eine seelische und geistige Flexibilität, die sich in Handeln ausdrückt. Der Begriff Kreativität wird im allgemeinen Sprachgebrauch zwar vorwiegend verknüpft mit den Bereichen bildende Kunst, Gestaltung, Kultur und Literatur. Aber diese Bedeutung greift zu kurz. Wissenschaftler brauchen die Fähigkeit zur Kreativität, um zu neuen Forschungsergebnissen zu kommen. Handwerker brauchen Kreativität, um die Schwierigkeit mancher technischer Probleme zu lösen, deren alltägliche Tücke, wie man so sagt, im Detail liegt. Familien brauchen Kreativität, um z. B. Beruf und Kinderbetreuung vereinbaren zu können.

Jeder Mensch braucht Kreativität, um den unterschiedlichen beruflichen und privaten Anforderungen der Lebensgestaltung mit sich stets verändernden Bedingungen begegnen zu können. Es bedarf immer dann der menschlichen Fähigkeit zur Kreativität, wenn sich große oder kleine Probleme des Lebens auf übliche Weise nicht lösen lassen und Menschen neue Denk- und Handlungsstrategien entwickeln müssen, um ihre spezifische Problemstellung auf für sie angemessene Weise zu lösen.

Flexibles Denken und Handeln ist hierzu der Schlüssel, denn wie in dem oben genannten Beispiel zu sehen, tun sich durch die Vielfalt der Ideen auch vielfältige Möglichkeiten und Alternativen auf, wobei die Frage des Machbaren zunächst einmal zweitrangig ist. Viele Ideen und Möglichkeiten werden oft im Keim erstickt, wenn die eigene gedankliche Zensur oder die Ablehnung der Umwelt sie vorschnell als illusorisch und nicht durchführbar verwirft.

Kinder verfügen oftmals noch über ein deutlich erkennbares Maß an Kreativität. Ihre Neugier, Offenheit und Phantasie sind Antriebsfedern für das Entdecken der Umwelt und das Hineinwachsen in ihre Lebenswelt. Sie erschließen ihre Umwelt durch Beobachtung, Nachahmung, Erprobung und Handeln. Dabei spielt ihre Phantasie eine entscheidende Rolle für ihr Denken und Handeln. Ihre Ideen und Sichtweisen sind, je jünger sie sind, desto unkonventioneller und noch nicht so sehr von den Einschätzungen, Regeln und Denk- bzw. Verhaltensmustern der Erwachsenenwelt geprägt. Sie sind oftmals noch bereit zu vorurteilsfreier Erfahrung und Experiment. Ihre Bereitschaft zu Offenheit, Flexibilität und zu neuen Erfahrungen ist – sofern sie ihnen noch nicht „aberzogen" wurde – die Grundlage für die Entfaltung kreativer Kompetenzen. Diese sollten gefördert werden, um die Entwicklung einer kreativen Persönlichkeit zu ermöglichen. Mit dem Begriff der kreativen Persönlichkeit möchte ich einen autonom und verantwortlich denkenden und handelnden Menschen bezeichnen, der in den verschiedensten kleinen und großen Anforderungen des Lebens, im privaten und öffentlichen, im individuellen und sozialen Bereich, Problemlösungen für sich und andere suchen und finden und sie in angemessenes produktives Handeln umsetzen kann.

Erziehung versucht immer, eine Antwort auf gegenwärtige, gesellschaftliche und kulturelle Bedingungen zu geben, ebenso wie sie versucht, auf zukünftige Anforderungen vorzubereiten.

Die Bedingungen der sogenannten postmodernen Gesellschaften, der Industrienationen mit ihren Leistungsanforderungen in der Arbeitswelt, dem Wandel von Familiensituation und persönlichen Beziehungen, mit den Möglichkeiten und Grenzen von Arbeit und Freizeit, mit dem großen Bedarf an innovativen Ideen, mit den Herausforderungen und Chancen eines multikulturellen Zusammenlebens, mit der Mobilität und Flexibilität als Leistungsanforderung bedürfen der Kreativität als Lebensgestaltungskompetenz. Daher muß die Förderung von Kreativität ein wichtiges pädagogisches Ziel werden und als erzieherische Aufgabe ernst genommen werden. Ist sie nämlich eine Lebensgestaltungskompetenz, dann ist sie auch ein wichtiges Instrument der Lebensbewältigung.

Förderung von Kreativität als pädagogisches Ziel

Mit der Kreativitätsforschung, die in den 50er Jahren in den USA begann, wurde nicht nur das Phänomen der Kreativität untersucht, sondern es wurden auch Versuche angestellt, wie man einen Menschen als kreative Persönlichkeit testen oder gar „trainieren" kann. Man ging von der Annahme aus, daß immer komplexer werdende Gesellschaften kreativer Persönlichkeiten bedürften, die Antwort auf die aktuellen gesellschaftlichen Probleme geben könnten. Die Bestimmung von Kreativität wurde an der kreativen Persönlichkeit und ihren Merkmalen und Fähigkeiten festgemacht, ohne danach zu fragen, welche Situationen, Bedingungen und erzieherischen Einflüsse schon vom Kindesalter an förderlich oder blockierend für die Entwicklung einer kreativen Persönlichkeit sein könnten. Da es aber kaum wahrscheinlich ist, daß sich eine kreative Persönlichkeit aus dem „Nichts" entwickelt oder die Kreativität bei dem einen Menschen angeboren ist wie seine blauen Augen und bei dem anderen Menschen eben nicht, lohnt es sich zu untersuchen, welche erzieherischen Einflüsse, Situationen und Bedingungen die Entfaltung einer kreativen Persönlichkeit fördern oder hemmen.

Institutionelle Kinderbetreuungseinrichtungen mit einem Erziehungs-, Bildungs- und Betreuungsauftrag, wie ihn das Kinder- und Jugendhilfegesetz vorgibt, sind von der Krippe über Kindergarten bis zum Hort für Kinder von 4 Monaten bis zum Grundschulalter wichtige Sozialisationsinstanzen, die Erziehung und Bildung vermitteln. Familienergänzend wird hier eine erzieherische und bildende Leistung erbracht, die für die Persönlichkeitsentwicklung von Kindern von entscheidender Bedeutung ist und Chancen für die Kinder eröffnen bzw. Benachteiligungen vermeiden kann.

Die Kreativitätsförderung als wichtiges Ziel und notwendige Aufgabe muß in den außerschulischen Erziehungs- und Bildungsinstitutionen neu bedacht und in den Blick genommen werden.

Die Kreativitätsforschung mit ihren zwar teilweise umstrittenen Ergebnissen und Erkenntnissen gibt uns dennoch genügend Anhaltspunkte, von denen sich pädagogisch geeignete Formen der Förderung und Unterstützung von Kreativität bei Kindern ableiten lassen können.

Dieses Buch will daher in einem ersten Teil einige wichtige Erkenntnisse und Ergebnisse der Kreativitätsforschung darstellen und erläutern, während in einem zweiten Teil die Umsetzung dieser Erkenntnisse in konkrete pädagogische Konzeptionen und Handlungsansätze erfolgen wird.

Dieses Buch wird sich also mit der Kreativität als menschliche Grundfähigkeit in alltäglichen Lebenssituationen befassen. Es wird zeigen, wie wichtig die Kreativität des Einzelnen in immer komplexer und unüberschaubarer werdenden gesellschaftlichen Bedingungen ist. Die eigenen kreativen Fähigkeiten zu entdecken und zu kultivieren, kann eine Steigerung des positiven Lebensgefühls bewirken. Kreativität ist kein Phänomen, das Künstlern, Wissenschaftlern und Erfindern vorbehalten ist.

Jeder Mensch und jedes Kind ist kreativ und kann seine Kreativität in den verschiedensten Bereichen des Lebens weiterentwickeln. Die kreativen Ereignisse geschehen in alltäglichen Lebenszusammenhängen, im Spiel, bei der Arbeit, in der Familie, in der Kindergartengruppe, in Konflikten, im Zusammenleben mit anderen Menschen und auch in künstlerischen kulturellen Ausdrucksformen wie bildnerisches Gestalten, Darstellung, Musik und Tanz. Dabei ist es zunächst einmal nicht wichtig, ob es sich bei den Ergebnissen um spektakuläre, weltweite Neuheiten oder um originelle und persönliche Lösungen und Ausdrucksformen einer individuellen Aufgabe oder eines persönlichen Alltagsproblems handelt.

2 Kreativität – Annäherung an einen vieldeutigen Begriff

Die Kreativität des Menschen ist so alt wie seine Evolutionsgeschichte. Prähistorische Höhlenmalereien, Kunst- und Kultgegenstände, Werkzeuge und Schmuck zeigen, daß Kreativität weder an bestimmte Epochen, noch an bestimmte Gesellschaften gebunden ist.

Sie ist offensichtlich die Fähigkeit des Menschen, sich einerseits an vorhandene Lebensbedingungen anpassen zu können, andererseits verändernd auf Lebensbedingungen einwirken zu können, indem „Neues" entdeckt, entwickelt, geschaffen und produziert oder „Altes" verändert, weiterentwickelt und modifiziert wird.

Die Wortbedeutung von Kreativität deutet dies an. Sie entstammt dem Lateinischen, in dem „creare" schaffen, erschaffen, zeugen, gebären bedeutet. Diese lateinische Wurzel des Wortes gibt einen Hinweis darauf, daß Kreativität etwas „Schöpferisches" bedeutet, mit „Schöpfung" zu tun hat, eine schöpferische Kraft und damit lebensbejahende und lebensfreundliche, „biophile" (Fromm) Kraft darstellt. Das Merkmal von Schöpfung ist die Erschaffung etwas zuvor nicht Vorhandenem oder nicht auf diese Weise Vorhandenem. Daher wird mit „Schöpfung" auch etwas „Neues" assoziiert.

Etwas Neues erfinden

Die Frage ist, ob das erschaffene „Neue" absolut, einzigartig und für alle Menschen gleichermaßen neu sein muß, um als kreativ zu gelten, oder ob es für den einzelnen Menschen neu sein darf, um dem Maßstab für Kreativität zu genügen. Ist also ein Kind kreativ, wenn es wie andere Kinder auch selbst entdeckt, wie es aus zusammengebundenen Stöckchen, mit einem Papier als Segel ein kleines Floß bauen und auf einer Pfütze schwimmen lassen kann? Oder sind nur Einstein mit seiner Relativitätstheorie und Picasso mit seinem Stierkopf, aus einem Fahrradsattel und auf einer Fahrradlenkstange montiert, kreativ? Ist ein selbsterfundenes Kochrezept kreativ, auch wenn es weltweit keine Aufmerksamkeit erregt?

Wissenschaftliche Untersuchungen von Kreativität beziehen sich häufig auf herausragende Persönlichkeiten bestimmter Epochen und Gesellschaften, die als Genies gelten.

Doch etwas „Neues" für sich selbst und für andere zu erfinden und zu erschaffen, ist nicht dem Genius vorbehalten. Es ist ein oft unbemerkt ablaufendes Verhalten, das jedem Menschen in seinen Lebenszusammenhängen bei sich selbst oder anderen begegnet.

> Kreativität und kreative Phänomene ereignen sich auf verschiedenen Ebenen menschlichen Lebens: auf der individuellen Ebene, auf der ein einzelner Mensch etwas subjektiv „Neues" erschafft; auf der sozialen Ebene, auf der das „Neue" im direkten sozialen und zwischenmenschlichen Umfeld deutlich wird, und auf der gesellschaftlichen Ebene, weil das „Neue" kollektive Beachtung und Wirkung findet.

Die Kreativitätsforschung, wie sie in den USA nach dem Zweiten Weltkrieg buchstäblich explodierte, ging zunächst von herausragenden, gesellschaftlich bedeutsamen Erfindungen aus und untersuchte die Menschen, die solche Leistungen hervorbrachten. Es galt festzustellen, welche Persönlichkeitsmerkmale und -strukturen kreative Produkte und Leistungen begünstigten. Ziel war es, herauszufinden, wie kreative Fähigkeiten bei Menschen so gefördert werden könnten, daß sich die für eine Gesellschaft wichtigen Leistungen in Technik, Wissenschaft und Forschung mehren und optimieren können. Die Annahme lautete: Kreative Persönlichkeiten bringen kreative Leistungen hervor.

Dazu schreibt Csikszentmihalyi in seinem 1997 veröffentlichtem Buch über die Kreativität, in dem er sich auf Feldmann bezieht:

„Als J. P. Guilford 1950 den Vorsitz der American Psychological Association übernahm, wies er in seiner Antrittsrede darauf hin, wie wichtig es sei, neben der Intelligenz auch die Kreativität zu erforschen. Es entbehrt nicht einer gewissen Ironie, daß Guilfords Beschäftigung mit der Thematik durch die finanzielle Förderung des Verteidigungsministeriums bewirkt wurde. Während des Zweiten Weltkrieges hatte die Air Force festgestellt, daß Intelligenztests nicht

*ausreichten, um die besten Piloten auszuwählen, das heißt Piloten,
die innovativ auf Notsituationen reagieren konnten. So wurde Guilford durch die Erfordernisse des Krieges dazu angespornt, die Originalität und Flexibilität zu erforschen, und löste dadurch wiederum
das intensive Studium der Kreativität in den folgenden Jahrzehnten
aus.* (Csikszentmihalyi, 1997, S. 570–571)

**Anfänge der
Kreativitäts-
forschung**

Erika Landau sieht den Anlaß für die Kreativitätsforschung im sogenannten „Sputnik-Schock" Ende der 50er Jahre, als die damalige
Sowjetunion den ersten gleichnamigen Erdsatelliten ins Weltall
schoß:

*„Der Auftakt zum Wettrennen um die Erforschung der Kreativität
war ein technisches Ereignis, nämlich die Entsendung des ersten Sput-
niks ins Weltall. Der Bedarf an kreativen Wissenschaftlern brachte
Staat und Industrie vor allem in Amerika dazu, psychologische Untersuchungen zum Thema der Kreativität zu finanzieren und zu fördern.
Dieser Beginn stand unter dem Motto: Um als Nation zu überleben,
muß das Individuum kreativ denken."* (Landau, 1974, S. 9)

Das Phänomen menschlicher Kreativität wurde also untersucht, um
Antworten auf wichtige gesellschaftliche Bedingungen, Anforderungen und Veränderungen zu geben. Es wurde versucht, Erkenntnisse
über Merkmale kreativer Persönlichkeiten zu gewinnen.

Kreative Leistungen und Produkte wurden untersucht in dem Bemühen herauszufinden, was die Besonderheit dieser Leistungen ausmacht und wie sie entstehen. Der kreative Prozeß wurde analysiert,
um zu erkennen, welche Bedingungen für kreative Leistungen im
Vorfeld ihrer Entstehung förderlich oder hinderlich sein könnten.

Allen Forschungsergebnissen ist gemeinsam, daß Kreativität gefördert werden kann und daß sie sich auf alle Bereiche und Anforderungen gesellschaftlichen Lebens bezieht und nicht nur dem künstlerischen Bereich vorbehalten ist. Sie ist keine Begabung, über die der
eine Mensch verfügt und der andere Mensch nicht. Sie ist eine Kompetenz, die unterschiedlich beim einzelnen ausgeprägt ist und gefördert und entwickelt oder auch gehemmt und blockiert werden kann.

Bis heute ist der Streit nicht entschieden, ob kreative Leistungen nur als solche bezeichnet werden können, wenn sie auch gesellschaftliche Veränderungen bewirken, oder ob subjektive und individuelle Leistungen ohne gesellschaftliche Relevanz ebenfalls als kreativ eingestuft werden können. Csikszentmihalyi unterscheidet in diesem Zusammenhang zwischen „großer" und „kleiner" Kreativität:

> *„Umstritten ist, ob eine Idee oder ein Produkt die soziale Bestätigung braucht, um als kreativ bezeichnet zu werden, oder ob es ausreicht, daß der Erfinder selbst eine Idee für kreativ hält ... So alt wie die Frage ist, ist sie doch nach wie vor ungelöst, und beide Seiten haben gewichtige Argumente vorgetragen. Ich persönlich würde es vorziehen, die Kreativität als subjektives Phänomen zu betrachten, sehe aber leider keine Möglichkeit, dies praktisch umzusetzen. Gleichgültig, wie sehr wir die individuelle Erkenntnis, die subjektive Erleuchtung bewundern, wir können nur bestimmen, ob es sich um eine Wahnidee oder einen kreativen Gedanken handelt, wenn wir irgendeinem Maßstab – ob Logik, Schönheit oder Nützlichkeit – heranziehen, und sobald wir das tun, kommt eine soziale oder kulturelle Bewertung ins Spiel ... Heutzutage halten wir es für selbstverständlich, daß jeder das Recht hat, kreativ zu sein, und daß eine Idee, die dem einzelnen neu und erfrischend erscheint, als kreativ gelten sollte, auch wenn niemand sonst diese Ansicht teilt. Ich entschuldige mich beim Zeitgeist, werde aber dennoch zu beweisen versuchen, daß diese Prämisse nicht besonders nützlich ist."* (Csikszentmihalyi, 1997, S. 572)

Bemerkenswert bei diesen Ausführungen ist besonders die unterschwellige Kritik an einer Gesellschaft, die Kreativität zu einem modernen Trend macht, der sie der Beliebigkeit von Bewertung und Beurteilung aussetzt. Indem er aber die Untersuchung individueller Kreativität nur dann für nützlich erachtet, wenn sie eine gewisse gesellschaftliche Akzeptanz und Relevanz besitzt, bzw. gewissen kollektiven Maßstäben entspricht, blendet er die Bedeutung der Kreativität für den einzelnen aus, obwohl er zu Anfang seines Buches betont, daß Kreativität eine Bereicherung des Lebens für den einzelnen Menschen darstellt. Damit bindet er die Definition von Kreativität an ihre gesellschaftliche Akzeptanz und Wirkung, ob diese nun zeitgleich oder mit Verzögerung einiger Jahrzehnte und Jahrhunderte erfolgt oder nicht.

Er beschreibt die Situation von Vincent van Gogh, der die Akzeptanz seiner Werke erst mit einigen Jahrzehnten Verzögerung erlangte, aber diese Akzeptanz ist für ihn wesentlicher Maßstab der Kreativität. Die Tatsache, daß Vincent van Gogh zu seinen Lebzeiten unbeirrt an seiner künstlerischen Kreativität festhielt und seinen Malstil ungeachtet der gesellschaftlichen Kritik und Ablehnung weiterentwickelte, zeigt jedoch auch, daß van Gogh offensichtlich eigenen Maßstäben und eigener Kreativität folgte. Unbeirrt von Akzeptanz oder Ablehnung des sozialen Umfeldes verfolgte er seine individuelle Kreativität, die erst von nachfolgenden Generationen erkannt und geschätzt wurde.

Individuelle Kreativität

Die Betrachtung subjektiver und individueller Kreativität ist also insofern nützlich, als sie das Selbstbild des einzelnen Menschen und sein Handeln beeinflußt. Wenn ein Mensch von einer bestimmten Fähigkeit überzeugt ist, über die er verfügt, dann traut er sich zu, Anforderungen zu erfüllen, die im Bereich dieser Fähigkeit liegen. Sein Selbstbild beeinflußt seine Leistungsbereitschaft und sein Handeln. Wenn ein Mensch sich nicht als kreativ versteht, wird er auch seine Erkenntnisse, Ergebnisse und Leistungen nicht als kreativ einstufen und möglicherweise zögerlich sein in der Annahme von kreativen Anforderungen, von denen er glaubt, ihnen nicht entsprechen zu können. Wie viele Menschen, die nur eine einfache Zeichnung für eine Wegbeschreibung auf einem Blatt skizzieren sollen, leiten diese Anforderung mit der Bemerkung ein, daß sie gar nicht zeichnen könnten, obwohl das Ergebnis doch besser als erwartet gelingt.

Das Verständnis von individueller und subjektiver Kreativität beeinflußt also das eigene Selbstbild und damit das individuelle Handeln. Dies gilt auch für Kinder. Kinder müssen ein positives Bild von sich selbst und ihrer Kreativität entwickeln können. Dazu brauchen sie kreative Erfahrungen und die positive Verstärkung von seiten der Erwachsenen, die ihre Kreativität beachten, unterstützen und loben.

Somit eröffnet die einseitige Definition von Kreativität als ein Phänomen mit gesellschaftlicher und kultureller Auswirkung dem einzelnen, nicht gesellschaftlich herausragenden „einfachen" Menschen in seiner spezifischen Lebenssituation kaum Perspektiven für die befriedigenden Chancen und Möglichkeiten von Kreativität. Wenn es auch richtig ist, daß immer ein gewisser Maßstab für Kreativität existiert, so kann dieser Maßstab individuell und/oder gesellschaftlich definiert sein. Ohne Maßstäbe und Kriterien würde die Kreativität der Beliebigkeit, Illusion und Unwirklichkeit ausgeliefert.

Hilfreich für das Verständnis individueller Kreativität erscheint der Ansatz Guilfords aus den 60er Jahren, der Kreativität als Problemlösungskompetenz versteht, die nicht nur vorgegebenen Wegen folgt (vgl. Guilford nach Landau, 1978). Angesichts der Realität postmoderner Gesellschaften mit ihren immer schneller sich ergebenden Veränderungen, mit der zunehmenden Individualisierung bei gleichzeitiger Isolation von Menschen, mit immer komplexer werdenden beruflichen und privaten Leistungsanforderungen und der Vielfalt sozialer und multikultureller Bezüge und ihren Anforderungen gewinnt das Verständnis von Kreativität als Problemlösungskompetenz wieder an Aktualität, da sie dem einzelnen Menschen die Möglichkeit bewußt macht, für vielfältige Problemstellungen vielfältige, verschiedene und neue Lösungen eigenständig finden zu können.

Problemlösungen   Kreativität bedeutet die Kompetenz, Problemstellungen befriedigend und angemessen auch dann lösen zu können, wenn keine bereits erprobten und vorgezeichneten Lösungen vorhanden, anwendbar oder akzeptabel erscheinen.

Allerdings sollte man an dieser Stelle das Wort Problem nicht einseitig mit den im Alltagsgebrauch mitklingenden Assoziationen von Schwierigkeit und Belastung belegen. Ein Problem kann als Aufgabe verstanden werden, die ein Mensch sich selbst stellt, gestellt bekommt oder die sich aus einer bestimmten Situation ergibt. Insofern müssen Aufgaben nicht immer als Belastung oder Schwierigkeit empfunden werden, sondern können auch als Herausforderung und sinngebendes Tun verstanden werden. Eine Aufgabe zu bewältigen und ein Problem auf eine neue Art zu lösen, erfordert neben Ideenreichtum, Phantasie und Imagination auch Disziplin, Durchhaltevermögen, Zielstrebigkeit und Kenntnis. Kreative Problemlösungen, die im Unwirklichen und Illusorischen verharren, entfalten nur wenig Nutzen für den einzelnen und die Gesellschaft. Kreativität ist die gelungene Umwandlung von Fiktion in Realität im Dienste der Problemlösung. Demzufolge müssen sich kreative Leistungen an der Realität messen lassen und daran, ob die Lösung angemessen ist und für den einzelnen und/oder die Gesellschaft funktioniert. Oft genügt es schon, daß sie für den einzelnen funktioniert und seinen Aufgaben entspricht. Insofern kennzeichnet Kreativität die Lösung einer Aufgabe unter der Maßgabe, daß neue Lösungen und Lösungselemente entstehen bzw. bereits vorhandene Lösungen verändert und den aktuellen Aufgabenstellungen angepaßt werden.

Kreativität entwickelt sich aber nicht nur anhand konkreter Aufgabenstellungen. Diese Sichtweise von Kreativität ist von den amerikanischen Forschungsergebnissen geprägt, wonach Kreativität den Zweck der Problemlösung hat. Sicherlich ist dies ein wichtiger Ansatz, auf dessen Basis sich Kreativität erklären läßt und die Notwendigkeit ihrer Förderung und Entwicklung deutlich wird. Kreativität ist aber nicht nur ein zweckgerichtetes Phänomen, sondern auch eine spielerische, zweckfreie Kompetenz, die den Zufall einbezieht und die Freude am schöpferischen Tun um seiner Selbst willen hervorbringt. Das Spiel der Kinder, das voller Phantasie und Imagination Kreativität hervorbringt, beweist dies ganz deutlich. Kinder spielen nicht, um einem gewissen Zweck zu folgen. Sie spielen nicht, um zu lernen, wie sich Probleme lösen lassen. Sie spielen aus eigenem Antrieb und eigener Kreativität. Sie beziehen Imagination, Phantasie und Vorstellungskraft in das Spiel mit ein und geben ihm so eine Lebendigkeit, die eine Verbindung von Fiktion und Realität darstellt. In der abendländischen Tradition der wissenschaftlichen Entwicklung pädagogischer Annahmen und Ansätze findet man von Rousseau über Pestalozzi, Fröbel, Herbart und Montessori immer wieder die Betonung der Bedeutung des zweckfreien und aus eigenem Antrieb entstehenden Spiels der Kinder, indem sie durch Imagination und Phantasie eine leib-geistige „Menschenentwicklung" (Fröbel) erfahren (vgl. Flitner, W., 1961). Kunsterzieher wie Hartlaub und Pfleiderer haben den Begriff „schaffende Phantasie" genutzt, um die Kreativität zu beschreiben. Dabei sind sie von dem zweckfreien schöpferischen Tun ausgegangen, das sich in Spiel und Gestaltung entfaltet (vgl. Flitner, W., 1961).

Schöpferisches Tun des Kindes

Diese Ansätze relativieren die amerikanischen Ansätze, Kreativität vorwiegend als Fähigkeit zur Problemlösung zu sehen und ihr damit einen bestimmten Zweck zu geben. Sicherlich hat Kreativität auch diese Dimension, aber sie ist eben auch spielerisch und zweckfrei und muß daher nicht immer die Lösung einer eigenen oder fremden Aufgaben-stellung verfolgen. Beides gehört zur Kreativität: die zweckorientierte Problemlösungskompetenz und das zweckfreie Umgehen mit Imagination, Phantasie und schöpferischem Handeln um seiner selbst willen.

Erl und Beer beziehen sich in ihrem Buch „Entfaltung der Kreativität" (1974) auf folgende Definition von Margret Mead:

> *„In dem Maße, als eine Person etwas für sich selbst neues macht, erfindet, ausdenkt, kann man sagen, daß sie einen kreativen Akt vollbracht hat …"* (S. 10)

Diese Definition stammt zwar aus den Anfängen der Kreativitätsfor-schung, ist aber offen genug, daß sich der einzelne Mensch auch heute noch darin wiederfinden kann.

Es wird nämlich deutlich, daß Phantasie und Kreativität voneinander zu unterscheiden sind. Phantasie als Vorstellungs- bzw. Einbildungskraft kann zwar der Motor für Kreativität sein, ist aber nicht mit ihr gleichzusetzen. Phantasien können Träume, Wünsche, Ideen und auch Tagträume sein, mit denen ein Mensch sich beschäftigt, ohne sie in die Realität einzubringen. Kreativität ist die schöpferi-

Die Bedeutung der Phantasie

sche Kraft, die Phantasien und Vorstellungen in Handeln umsetzt. Eine erfundene Geschichte bleibt so lange Phantasie, bis sie erzählt und damit in schöpferisches Tun umgewandelt wird. Kreatives Den-ken allein macht noch nicht die Kreativität aus, die sich in Handeln ausdrückt. Phantasie kann also die Antriebskraft und Motivation für schöpferisches Handeln sein. Kreativität ist der nach außen gerich-tete und wahrnehmbare Ausdruck von Vorstellungen, die der Innen-welt des Menschen entspringen. Diese wiederum wird durch Im-pulse und Eindrücke der Außenwelt belebt und entfaltet.

Kreativität basiert also auf der Fähigkeit, Beziehungen zwischen In-nen- und Außenwelt herzustellen, zwischen Erfahrungen und Er-kenntnissen, die zuvor nicht aufeinander bezogen waren, und läßt durch ihre Verknüpfung miteinander neue Denkweisen, Ideen und Produkte bzw. Handlungen entstehen.

Die Erforschung der Kreativität ermöglicht keine einheitliche Definition des Begriffs Kreativität. Aus den unterschiedlichen Untersuchungen zu Persönlichkeit, Prozeß und Produkt wurden Erkenntnisse gewonnen, die uneinheitlich sind. Das Phänomen menschlicher Kreativität ist ebenso wenig eindeutig zu erklären wie die Kunst. Sie scheint Gegensätze miteinander zu verbinden und zu vereinen, wie z. B. Anpassung und Selbstbestimmung, Fiktion und Realität, Inspiration und Rationalität, Chaos und Disziplin, Zufall und Systematik.

„Wer sagt, Kreativität sei eine Chance, muß a) wissen, was Kreativität ist, und b) eine Vorstellung haben, wie man sie erlangt oder bei anderen fördert. Beides tut die Wissenschaft nur ganz unzureichend. Ihre Grundannahmen sind schlicht, ihre Instrumente ganz und gar von diesen bestimmt, die Ergebnisse trivial." (Von Hentig, 1998, S. 37–38)

Damit beschreibt Hartmut von Hentig ein Dilemma, in dem sich die Kreativitätsforschung befindet. Dennoch erscheinen einige Grundannahmen nicht ganz so unzureichend zu sein, wie sie von Hentig darstellt. Zu beschreiben, wie Kreativität im außerschulischen Bereich bei Kindern gefördert werden kann, diesen Versuch will dieses Buch wagen.

Ziele der Kreativitätsförderung

Für die Zielformulierungen der Förderung von Kreativität durch erzieherische Interventionen können folgende Grundannahmen als Basis dienen:

■ Kreativität ist eine Grundkompetenz des Menschen, die entwickelt und gefördert werden kann.

■ Kreativität ist Lebensgestaltungskompetenz.

■ Kreativität ist schöpferisches Potential, das seinen konkreten Ausdruck findet.

■ Kreativität kann individuelle und/oder gesellschaftliche Wirkung entfalten.

■ Kreativität wird an individuellen und/oder gesellschaftlichen Maßstäben gemessen.

■ Kreativität umfaßt die kreative Persönlichkeit, den kreativen Prozeß und das kreative Produkt.

Die Frage, welche Funktion die Kreativität des einzelnen auf die Gesellschaft ausübt, muß angesichts des raschen Wandels gesellschaftlicher Bedingungen immer wieder neu gestellt und beantwortet werden. Ausgehend von der Tatsache, daß der Mensch nicht nur als Einzelwesen betrachtet werden kann, sondern in seiner Verflechtung mit den sozialen und gesellschaftlichen Bedingungen als individuelles Sozialwesen oder soziales Individuum betrachtet werden muß, kann man formulieren, daß angemessene kreative Leistungen einzelner in unterschiedlichem Maß, früher oder später, Auswirkungen auf das soziale bzw. gesellschaftliche Umfeld zeigen.

Von dieser Wirkungsannahme geht auch Csikszentmihalyi aus, auch wenn für ihn die subjektive und individuelle Erkenntnis noch kein Tatbestand objektiver Kreativität ist.

Die subjektive und individuelle Kreativität jedoch ist es, deren Spuren, Hintergründe und Wirkungen in einfachen Lebenszusammenhängen ich in den folgenden Kapiteln betrachten möchte, um einige Aspekte aufzeigen zu können, inwiefern Kreativität eine Chance sein kann und Möglichkeiten für eine befriedigende Lebensgestaltung bietet.

Problemlösungsfähigkeit und Lebensgestaltungskompetenz

Wenn Kreativität eine umfassende Problemlösungskompetenz und zweckfreie Gestaltungskompetenz ist, die entwickelt und gefördert werden kann und Auswirkungen auf der persönlichen und sozialen Ebene eines Menschen hat, dann lohnt es sich, die Kreativität bei Kindern zu fördern, weil sie in ein Leben voller verschiedenster Anforderungen und Aufgaben hineinwachsen, auf deren Details sie nicht vorbereitet werden können, da sich soziales und gesellschaftliches Zusammenleben so schnell wandelt, daß sich die Anforderungen von morgen heute kaum andeuten und damit erahnen lassen. Kinder müssen also Grundkompetenzen für die gelingende Bewältigung und Gestaltung ihres zukünftigen Lebens erwerben. Einige dieser Grundkompetenzen wie Selbständigkeit, Kooperationsfähigkeit und Kommunikationsfähigkeit haben wir als pädagogisch wichtige Ziele bereits erkannt.

Die Kreativität als Problemlösungsfähigkeit und Lebensgestaltungskompetenz sollte eine weitere Grundkompetenz sein, die wir als pädagogisches Ziel und Aufgabe ernst nehmen.

2.1 Kreative Leistungen und Produkte

Ein Produkt ist ein Erzeugnis, ein Ertrag, eine Folge, ein Ergebnis aufgrund einer bestimmten zuvor erbrachten Leistung. Als Ergebnis einer Leistung kann es sowohl ideeller, also geistiger, als auch materieller, also stofflicher, Natur sein. Ein Student fertigt beispielsweise mit der schriftlichen Ausarbeitung eines Themas ein ideelles und materielles Produkt. Seine Hausarbeit ist ein ideelles Produkt, weil sie das Ergebnis seines Wissens und seiner Denkvorgänge ist. Sie ist zugleich ein materielles Produkt, weil er seine gedanklichen Ergebnisse schriftlich auf Papier dokumentiert hat. Ein Kind erfindet eine Geschichte, die es malt. Das Bild ist äußerlich sichtbares materielles Produkt seiner kreativen Leistung. Gleichzeitig ist es auch wieder ein ideelles Produkt, weil es die Summe seiner Denkprozesse und Sichtweisen über ein bestimmtes Thema verdeutlicht, von denen wir ohne das Bild kaum Kenntnis erhalten hätten.

> Kreative Produkte sind somit Ergebnisse kreativer Leistungen, die sich in ideeller und/oder materieller Form ausdrücken.

Wenn für die Kreativität der Aspekt des „Neuen" gilt, so beschreiben kreative Produkte jene Ergebnisse, die neu sind, entweder für die Erfahrungswelt eines Individuums, seines sozialen Umfeldes oder für die Erfahrungswelt einer ganzen Gesellschaft. Um den Aspekt des „Neuen" auf die alltägliche Erfahrungsebene zu übersetzen, läßt sich das simple Beispiel der Zubereitung von Speisen anführen. Hühnersuppe ist zwar ein Produkt der Kochleistung, aber sie ist noch lange nicht als kreatives Produkt zu bezeichnen, wenn sie nach Rezept gekocht wurde. Ein Auflauf, der aus Lebensmittelresten neu zusammengestellt wird, kann sehr wohl ein kreatives (und auch schmackhaftes) Produkt sein, wenn er auf nicht vorgegebenem Wege kreiert wurde. Kreative Produkte sind all jene Ergebnisse, die neu und zugleich den Anforderungen der Realität angemessen und angepaßt sind. Insofern würde der oben beschriebene Auflauf kaum als kreatives Produkt bezeichnet werden können, wenn er im Ergebnis kein schmackhaftes Gericht, sondern ein ungenießbarer Klumpen Brei wäre.

Beurteilung kreativer Leistungen

Es wird deutlich, daß die Nützlichkeit, das realistische Funktionieren eines kreativen Ergebnisses wichtiger Maßstab für seine Beurteilung ist. Dieser Maßstab wird vom Individuum und zugleich von der Umwelt gesetzt. Damit wird das kreative Ergebnis überprüft. Es kann geschehen, daß ein Mensch eine kreative Leistung erbracht hat, die seinen eigenen Maßstäben genügt und ihn zufriedenstellt, während die Umwelt mit Ablehnung und Skepsis reagiert. Gleichermaßen kann aber die Umwelt auch mit Akzeptanz und Unterstützung reagieren. Ob sich eine kreative Leistung auf Dauer durchsetzt, hängt wesentlich von den Bedingungen des jeweiligen sozialen und gesellschaftlichen Umfeldes ab, die kulturspezifisch unterschiedlich geprägt sind.

Kreative Produkte können für den einzelnen neu sein und möglicherweise auch individuell befriedigende Wirkung haben. Durch massive Ablehnung des sozialen Umfeldes bleiben sie zwar für den einzelnen neu und kreativ, entfalten aber keine über das subjektive Maß der Befriedigung hinausgehende Wirkung der Nützlichkeit, Angemessenheit und Funktionalität. An dieser Stelle stimme ich mit Cszikszentmihalyi überein, daß es der Zustimmung des sozialen und gesellschaftlichen Umfeldes bedarf, damit ein kreatives Ergebnis eine dauerhaft verändernde Wirkung entfaltet. Die kreative Leistung des einzelnen bleibt jedoch hiervon unberührt. Für den einzelnen Menschen ist ein Produkt kreativ, wenn es der angemessenen Befriedigung seiner Bedürfnisse auf einer neuen Weise entspricht und der Problemlösung gedient hat. Am Beispiel von Johannes B. möchte ich dies verdeutlichen:

Johannes, ein Jugendlicher von 16 Jahren, kauft sich eine Jeans, deren Hosenbeine zu lang sind. Anstatt sie umzunähen, benutzt er Heißkleber und eine Heftzange mit Metallkrampen, um den umgeschlagenen Saum zu fixieren. Stolz zeigte er seine Lösung der Großmutter, die sich vor Verwunderung, auf welche Ideen der „Junge" kommt, nicht zu fassen weiß. Mit seiner Lösung stößt Johannes nicht nur auf Verwunderung, sondern auch auf Ablehnung. Er selbst ist begeistert von seiner Lösung, hat er sich doch von den Serviceleistungen der Eltern, die Hose umzunähen, unabhängig gemacht bzw. ist er der lästigen Aufgabe, den Saum selbst zu nähen, wirkungsvoll entgangen. Erstaunlicherweise übersteht der geklebte und getackerte „Saum" auch noch den Waschgang in der Waschmaschine.

Johannes hat mit der Umsetzung seiner Idee eine kreative Leistung erbracht, die für ihn neu war, seinen Bedürfnissen entsprach, funktionierte und eine Problemlösung darstellte. Es war keine Erfindung, die dem sozialen Umfeld oder der Gesellschaft irgendeinen bahnbrechenden Nutzen gegeben hat. Aber er identifizierte sich mit der Lösung und erzählte stolz und selbstbewußt davon, ungeachtet kritischer Einwände.

Kreativen Ergebnissen geht also eine Leistung voraus, die nicht nur „Neues", sondern auch „Funktionierendes" hervorbringt und einen Nutzen für die persönliche Erfahrungswelt oder für die Kultur erbringt, je nachdem welcher Art die Leistung ist.

Ghiselin (1957) definiert die kreative Leistung als

„... die erstmalige Formgebung eines Bedeutungsuniversums, der Ausdruck davon, wie das Individuum seine Welt und sich selber versteht".

Bedeutungszusammenhänge verändern

Landau (1974, S. 16) hält diese Definition für das kreative Produkt für eine der anerkanntesten. Unter dieser Aussage von Ghiselin ist zu verstehen, daß der Mensch durch seine kreativen Leistungen den Dingen und Phänomenen eine neue Bedeutung verleiht, indem er bestehende Bedeutungszusammenhänge umwandelt, verändert, neu definiert. Sein eigenes Selbst findet in diesem Wandlungs- und Gestaltungsprozeß einen Ausdruck. Wenn wir dies auf das oben beschriebene Beispiel beziehen, wird deutlich, daß Johannes den Bedeutungszusammenhang zwischen textilem Stoff und dem üblichen Vorgang seiner Bearbeitung durch Nähen aufgelöst und einen neuen Zusammenhang geschaffen hat, nämlich den zwischen textilem Stoff und dem Vorgang des Klebens und Klammerns. Ziel war es, eine Befestigung zu erreichen, was sowohl auf die eine, übliche Weise als auch auf die andere, unübliche Weise erreicht werden konnte. Das Verständnis von sich selbst und seiner Welt fand darin Ausdruck, daß er eine von der Hilfestellung anderer Menschen unabhängige und selbständige Lösung erfand. Dies zeigt, daß er sich als selbständiger Mensch versteht. Denn mögliche Alternativen seines Verhaltens hätten sein können, die Mutter oder den Vater um Hilfe zu bitten oder die Hose zu einem Schneider zu bringen und so lange zu warten, bis der Saum auf übliche Weise gekürzt gewesen wäre. In seiner ungewöhnlichen Lösung ist auch ein Ausdruck des Selbstbewußtseins zu finden, denn die Kritik der Umwelt, die seine Lösung als nicht „schön" empfand, störte ihn nicht, da sein eigener Maßstab von Angemessenheit erfüllt war.

Kreativität verändert vorgegebene Muster

Ein ähnliches Phänomen wird bei Kinderbildern deutlich. Kinder stellen in Bildern ihre Lebensumwelt dar und schaffen so ein Bedeutungsuniversum, in dem sie sich, ihre Erfahrungen, Erlebnisse und ihre Weltsicht zum Ausdruck bringen. Erleben sie Akzeptanz ihrer ungewöhnlichen Gestaltungsformen, behalten sie ihren individuellen und kreativen Ausdruck und entwickeln das Bewußtsein für ihre Fähigkeiten, die sich deutlich von denen anderer Kinder unterscheiden. Erleben sie Ablehnung ihrer Gestaltungsformen, indem wohlmeinende Erwachsene ihre Bilder korrigieren und ihnen beispielsweise vorzeichnen, wie ein Baum richtig dargestellt wird, dann verlieren sie den unorthodoxen und spontanen, eigenen Ausdrucksstil, passen sich den Vorgaben an und verfallen in gestalterische Klischees, von denen sie annehmen, daß sie auf Akzeptanz der Umwelt stoßen. Aus der ursprünglichen Unabhängigkeit des Denkens und Handelns wird die Abhängigkeit, die sich vorgegebenen Mustern beugt. Ein Verhalten in linearen Systemen wird eingeübt, das sich in der Folge als unkreativ erweisen kann.

Kreative Leistungen entstehen aus der Fähigkeit, vorgegebene Denk- und Handlungssysteme zu verändern, zu durchbrechen, neu anzuordnen und neue Systeme zu schaffen. Kreativität ist zwar kein ungebremstes, plan- und zielloses Experimentieren, aber kreative Leistungen brauchen, um sich entwickeln zu können, den Raum für Experiment, für Ungewöhnlichkeit, für Alternativen und Provokation. Einer gelungenen kreativen Leistung gehen oft viele Versuche und Irrtümer, Fehlschläge oder unbrauchbare Lösungsansätze voraus.

Kreativität hat auch etwas mit Kenntnis zu tun. Hätte Johannes keine Kenntnisse über die Beschaffenheit, Anwendung und Wirkung von Heißkleber und Heftklammern gehabt, hätte er nicht auf die Idee kommen können, die Möglichkeiten dieser Mittel an seiner Hose auszuprobieren. Diese Kenntnisse muß er aus anderen Zusammenhängen erworben haben. Er hat sie allerdings dann in neuen Zusammenhängen erprobt. Dies zeigt deutlich, daß kreative Leistungen nicht aus dem Nichts entstehen. Ihre Basis sind Kenntnisse, Erfahrungen, Wissen und Einsichten. Das Bedeutsame ist, daß Kenntnisse, Erfahrungen und Einsichten aus anderen Erfahrungsbereichen aufgegriffen und auf neue Bereiche übertragen bzw. verschiedene Erfahrungsbereiche miteinander verknüpft werden.

Lucas B., ein Junge von 7 Jahren, löste auf der Basis der Verbindung unterschiedlicher Erfahrungsebenen ein technisches Problem wie folgt:

Ein Bein seines hölzernen Schreibtisches brach bei einer Gelegenheit, da mehrere Kinder auf dem Schreibtisch saßen, aus seiner Verschraubung mit der Schreibtischplatte. Das Tischbein hielt zwar noch einigermaßen die Platte, der ganze Schreibtisch wurde aber instabil. Er montierte das Bein gänzlich ab und baute aus stabilen Quaderbausteinen, die er noch besaß, einen Turm, der an der Stelle des Tischbeines so aufgebaut war, daß er die Platte an der besagten Ecke trug. Der Schreibtisch erhielt eine ausgezeichnete Stabilität.

Auch an diesem Beispiel wird deutlich, daß der Junge das Wissen über die Art und Weise, wie stabile Türme aus rechtwinkligen Holzbausteinen gebaut werden können, auf die Möglichkeit ihrer Ersatzfunktion für ein fehlendes Tischbein übertrug. Lucas war so stolz auf seine Erfindung, daß er sich weigerte, das Tischbein wieder anleimen zu lassen und es vorzog, seine Lösung auf Dauer zu belassen.

Zusammenfassend läßt sich feststellen, daß die Besonderheit kreativer Leistungen in den Aspekten des „Neuen" und „Funktionierenden" liegt. Edward de Bono schreibt hierzu in seinem Buch „Serious Creativity":

„Nichts ist besser als eine gute Idee. Nichts ist befriedigender als die Verwirklichung einer guten Idee. Nichts ist gewinnbringender als eine gute Idee, die ihrem Zweck vollauf gerecht wird." (De Bono, 1996, S. XVII)

Kreative Leistungen sind also einerseits verwirklichte Ideen als Antwort auf eine Aufgabenstellung und auf ein sich darbietendes Problem. Hierzu gehört genauso die Lösung kleiner, alltäglicher Probleme und Aufgabenstellungen wie die Lösung großer, die Gesellschaft bewegender Probleme. Ein Problem scheint immer dann gegeben zu sein, wenn ein Mensch ein gewisses Ziel erreichen, einen bestimmten Zustand oder gewisse Bedingungen verändern will, jedoch zunächst nicht weiß, wie dies erreicht werden könnte. Die kreative Leistung bzw. das kreative Produkt ist die Lösung des Problems, sofern sie nicht eine Nachahmung bereits bestehender Lösungsmöglichkeiten darstellt und sie etwas zumindest individuell „Neues" beinhaltet. Hierbei ist es nicht wichtig, ob die Lösung auch volle soziale Anerkennung erhält. Wichtiger ist, daß der einzelne Mensch mit ihr zufrieden ist und die Lösung seinen Bedürfnissen entsprechend funktioniert.

Ideen, Imagination und schöpferisches Tun

Kreative Leistungen sind andererseits Ergebnisse von Denkprozessen, Phantasie und Imagination, die nicht immer zu funktionalen Lösungen führen müssen, sondern Ausdruck davon sind, wie der Mensch sich selbst und seine Umwelt interpretiert. Alle freien und künstlerischen Leistungen, angefangen von Körperausdruck über bildnerisches Gestalten bis hin zu literarischen Ausdrucksformen, sind kreative Leistungen. Sie müssen nicht auf der Basis einer konkreten Aufgabenstellung oder Problemsituation entstanden und entwickelt worden sein, um als kreative Leistung gelten zu können.

Bei diesen freien Ausdrucksformen handelt es sich um die Fähigkeit, sich selbst und seine Lebenswirklichkeit kraft Imagination, Phantasie und schöpferischem Tun auf vielfältige Weise zum Ausdruck bringen zu können. Es ist die Fähigkeit zur „Formgebung eines Bedeutungsuniversums", wie Ghiselin so treffend formulierte. (Ghiselin, 1957)

Es ist im allgemeinen Sprachgebrauch und im pädagogischen Zusammenhang mittlerweile unumstritten, daß künstlerische Ausdruckformen, Phantasie und Imagination kreative Leistungen und Produkte sind. Daher war es mir wichtig, in diesem Kapitel den Blick stärker auf die Problemlösungsmöglichkeiten des Alltags zu lenken, die sich aus kreativen Leistungen ergeben, als auf die Bereiche des freien Ausdrucks. Die Dimension der Kreativität als künstlerische Ausdrucksfähigkeit muß um die Dimension der Kreativität als Lebensgestaltungs- und Problemlösungskompetenz erweitert werden.

Wie Problemlösungsprozesse und inspirierte kreative Prozesse verlaufen können, soll im nächsten Kapitel beschrieben werden, um zu zeigen, daß künstlerischer Ausdruck und kreative Problemlösungsfähigkeit aus derselben Quelle menschlicher Phantasie und Kreativität gespeist werden.

2.2 Problemlösung und kreative Prozesse

Wie kommen kreative Leistungen zustande? Welche Entwicklung im Denken und Handeln geht einer Idee oder einer Erfindung voraus?

In den Ergebnissen der Kreativitätsforschung besteht weitgehend Übereinstimmung, daß dem kreativen Produkt ein kreativer Prozeß vorausgeht. Ein Mensch durchläuft diesen Prozeß auf der Suche nach einem Ergebnis auf bewußte oder unbewußte Weise. Der kreative Prozeß wird unterschieden in einen organisierten und einen inspirierten kreativen Prozeß. Die Merkmale organisierter kreativer Prozesse liegen in einem zielbewußten, systematischen Verhalten, als Zugang zur Lösung einer Aufgabe, während die Besonderheit inspirierter Prozesse darin liegt, daß Zufallselemente bewußt aufgegriffen werden und als Anlaß für kreatives Handeln dienen (vgl. Landau, 1974).

> Das Merkmal des inspirierten kreativen Prozesses liegt in seiner spielerisch zweckfreien Dimension kreativen Handelns, das sich aus spontanen Ideen und Anlässen entwickelt, ohne die Lösung einer bestimmten Aufgabe zu beabsichtigen.

**Wahrnehmung
und Problem-
lösung**

Wenden wir uns zunächst jedoch den Problemlösungsprozessen zu. Die Wahrnehmung eines Problems ist die Basis für eine Problemlösung. Ohne Wahrnehmung eines Problems ist keine Lösung möglich. Ein Problem mag kreativ oder stereotyp gelöst werden, ohne die Wahrnehmung der Tatsache, es lösen zu müssen oder zu wollen, kommt kein Lösungsbemühen und Lösungsverhalten zustande. Wahrnehmung ist die Aufnahme und Verarbeitung von Reizen oder Impulsen aus der Lebensumwelt. Die Art und Weise, wie stark Wahrnehmung aufgegriffen und verarbeitet wird, hängt damit zusammen, wie stark der Inhalt des Impulses vom einzelnen Menschen zu sich selbst und seinen Bedürfnissen, Motivationen und Interessen in Beziehung gesetzt wird. Das heißt, der Mensch wählt aus, inwieweit Impulse aus der Außenwelt für ihn von Wichtigkeit und Bedeutung sind. Die unwichtigen Impulse werden ausgeblendet, die wichtigen werden aufgegriffen und sofort oder später verarbeitet. Eine Frau, die beispielsweise eine Zeitschrift durchblättert, mag plötzlich einen Artikel über Krebsvorsorgeuntersuchungen sehen und interessiert lesen. Wenn ein persönlicher Bezug vorhanden ist, entweder weil die Frau sich überlegt, solche Vorsorgeuntersuchungen vernachlässigt zu haben oder grundsätzliche Ängste vor einer möglichen Erkrankung hat oder andere Bezüge vorhanden sind, wie eigene Erfahrungen, Erlebnisse, Neugier oder Wissensdurst, dann wird der Inhalt dieses Artikels intensiv wahrgenommen, möglicherweise aufgegriffen und bearbeitet und führt vielleicht zu der Handlung, einen Arzttermin zu vereinbaren. Ist keinerlei individueller Bezug zu Thema und Inhalt des Artikels vorhanden, wird er ignoriert.

Einen solchen Vorgang des Aufgreifens oder Ausblendens von Reizen und Impulsen nennt man Selektion, also Auswahl. Wir selektieren ständig die vielfältigen Reize, die durch unsere Sinne vermittelt auf unsere Person einwirken. Dies geschieht zum Teil bewußt, aber auch unbewußt. Manche Reize werden nur aufgenommen, aber nicht weiterverarbeitet. So können wir an einem Werbeplakat vorbeigehen, das Bild sehen, den Inhalt wahrnehmen, blenden aber die Botschaft der Werbung aus, weil sie für uns nicht von Wichtigkeit ist. Suchen wir dagegen beispielsweise nach einem neuen und kostengünstigen Möbelstück, werden wir Werbungen und Anzeigen, die diesem Bedürfnis entsprechen, mehr Aufmerksamkeit entgegenbringen, sie aufnehmen und verarbeiten.

Die aktive Wahrnehmung eines Problems ist also die Grundlage für dessen Lösung, sofern eine Bereitschaft zur Lösung besteht. Sicherlich gibt es nämlich auch die Möglichkeit, Probleme zwar wahrzunehmen, aber sie aus den verschiedensten Gründen nicht lösen zu wollen oder zu verdrängen, die Konfrontation mit ihnen zu vermeiden.

Mit Hilfe der Wahrnehmung gewinnen wir ein gewisses Weltbild. Allerdings kann diese jedoch niemals vollkommen objektiv sein. Da wir die Impulse aus der Umwelt selektieren und in Beziehung zu unseren Interessen, Erfahrungen und Motivationen setzen, die wiederum geprägt sind von Alter, Geschlecht, Beruf, sozialer Schicht und Kulturhintergrund, entsteht über die Wahrnehmung eine subjektive Eigenwelt des einzelnen Menschen, die ihn prägt und verändert. Die Gestaltpsychologie geht davon aus, daß der Mensch ganzheitlich wahrnimmt und die Objekte der Umwelt als Gestalt insgesamt und nicht als Summe ihrer Teile erfaßt. Wir nehmen zum Beispiel ein Gesicht als junges oder altes, bekanntes oder unbekanntes Gesicht wahr in seiner gesamten Gestalt und setzen es im Wahrnehmungsakt nicht erst aus einer Vielzahl von Formen, Linien und Farbschattierungen langsam zusammen, um es erkennen zu können. Die Fähigkeit der Gestaltwahrnehmung bringt System und Ordnung in die chaotische Vielzahl der Reize, die auf einen Menschen in jeder Sekunde einwirken.

Der Wahrnehmungsvorgang wird also beeinflußt sowohl von eigenen Interessen, Motivationen und Bedürfnissen als auch von Selektionsverfahren und Ordnungssystemen, die erlernt worden sind. Dies ist wichtig und hilfreich, um sich in der Lebenswelt zu orientieren und ein eigenes Weltbild zu entwickeln. Es kann sich aber auch blockierend und hemmend auswirken auf die Erweiterung eigener Wahrnehmungen und Erfahrungen. An einem Beispiel will ich dies verdeutlichen:

Bei einem Italienurlaub bot ich meinem sechsjährigen Sohn einmal eine frische Feige an, damit er die Frucht, die er noch nicht kannte, koste. Er lehnte dieses aber, mit der Begründung, daß er nicht wolle,

ab. Auf die Bitte, wenigstens zu probieren, argumentierte er, daß er schon getrocknete Feigen gegessen habe und diese ihm nicht schmecken würden. Er weigerte sich konsequent, die Frucht zu kosten. Zwei Jahre später pflückten meine Kinder mit anderen Kindern eines italienischen Dorfes an der ligurischen Küste von einem Baum Früchte, die sie nicht benennen konnten, und aßen sie. Es waren frische Feigen. Mein Sohn zeigte mir begeistert die Früchte, die er nun aß. In der ersten Situation war er nicht bereit zu einer neuen Wahrnehmung und damit zu einer neuen Erfahrung, denn er hatte kein inneres Bedürfnis dazu, war er doch gehemmt durch die Annahme, er wisse, wie frische Feigen schmecken würden, da er sich den Geschmack so vorstellte wie den der ihm bereits bekannten, aber getrockneten Früchte. Er lehnte also eine neue Wahrnehmung und Erfahrung aufgrund einer bestehenden Vorerfahrung und des daraus resultierenden Desinteresses ab. In der zweiten Situation waren sein Interesse und seine Neugier durch das Vorbild der anderen italienischen Kinder geleitet. Vorurteilsfrei konnte er die Früchte probieren, da er den Bezug zu Feigen nicht herstellte, und gewann eine neue Erfahrung, die ihm außerordentlich zusagte.

Wahrnehmungen können also sowohl vorurteilsbelastet aus eigener oder vermittelter Erfahrung als auch offen sein. Werden sie zu sehr eingeschränkt, vermieden, verhindert oder stereotyp eingeordnet, sind auch die Möglichkeiten neuer und erweiterter Erfahrungen, Interessen und Bedürfnisse begrenzt. Ist eine offene und einigermaßen vorurteilsfreie Wahrnehmung vorhanden, können sich Interessen, Kenntnisse und Fähigkeiten immer wieder neu entwickeln. Gleiches gilt, wie oben bereits formuliert, für Problemlösungen. Nehme ich eine Aufgabe oder ein Problem als solches nicht wahr, komme ich erst gar nicht auf die Idee, es zu lösen. Und vermeide ich vielleicht die Wahrnehmung eines Problems, vermeide ich auch Lösungsmöglichkeiten.

> Kreative Prozesse als Problemlösungsprozesse bedürfen einer einigermaßen offenen Wahrnehmung, damit kreatives, problemlösendes Denken und Handeln überhaupt in Gang kommen kann.

„Kreativität wird faßbar, wenn man den kreativen Prozeß mit einem Problemlösungsprozeß vergleicht, denn jeder Problemlösungsprozeß verlangt die Entwicklung und Anwendung einer neuen Strategie. Problemerkennung, Problemlösung und die Realisierung der Problemlösung sind daher Bestandteile einer zielgerichteten Kreativität. Kreativität ist eine Problemlösungsstrategie, die alle psychischen Schichten des Menschen umfaßt … bewußte, vorbewußte und unterbewußte Denkprozesse." (Linneweh, 1991, S. 16)

Auf der Grundlage der Überlegung, daß kreative Produkte jene Ergebnisse von Leistungen sind, die dem Aspekt der Neuheit Rechnung tragen, wird deutlich, daß man jene Problemlösungsstrategien, die angeleiteten oder vorgegebenen Schritten folgen, nicht als kreativ bezeichnen kann. Problemlösungsprozesse sind dann aber als kreative Prozesse zu bezeichnen, wenn Verbindungs- und Übertragungsleistungen zwischen verschiedenen vorhandenen Informationen und eigenen Erfahrungs- und Denkstrukturen zu neuen Denk- und Handlungsergebnissen führen. Kreative Prozesse greifen Zufallselemente und -impulse aus der Lebensumwelt auf und beziehen Phantasie und Vorstellungskraft bewußt in das kreative Denken und Handeln ein.

Kreative Prozesse sind Problemlösungsprozesse

Ein Mensch kann sich verschiedener Strategien zur Lösung eines Problemes bedienen: Er hat die Möglichkeit, zu experimentieren und Versuche anzustellen, um aus dem möglichen Gelingen oder den Irrtümern jene Rückschlüsse zu ziehen, die eine Annäherung an eine angemessene Lösung ermöglichen. Allerdings kann ein Verstehen der Fehlschläge immer erst nachträglich, also retrospektiv erfolgen. Er kann auf Erfahrungen und Wissen anderer zurückgreifen, sich davon anleiten lassen und so eine Problemlösung erzielen, die vorgegeben und bereits an anderer Stelle erprobt ist.

Eine weitere Möglichkeit der Problemlösung besteht darin, mit vorhandenen Informationen zu arbeiten, eigene Erfahrungen und Überlegungen zu investieren, diese mit den vorhandenen Informationen ganz oder teilweise zu kombinieren und schließlich eine neue Lösung als Produkt dieser Kombination hervorzubringen.

Die erste und letzte der beschriebenen Problemlösungsstrategien beinhalten eine kreative Leistung, während der alleinige Rückgriff auf erprobte Möglichkeiten aus dem Wissen anderer zwar ebenso eine Lösung herbeiführen kann, welche aber nicht kreativ ist. So kann man sagen, daß Problemlösungsprozesse nicht immer zugleich auch kreative Prozesse sind.

Um das zu verdeutlichen, bedarf es der genaueren Betrachtung des kreativen Prozesses, der einer Problemlösung dienen soll. Das Wort Prozeß deutet schon darauf hin, daß es sich um einen gewissen Verlauf, Vorgang, Entwicklungsvorgang handeln muß. Entwicklungen vollziehen sich nicht immer linear, sondern unterliegen Wiederholungen, Verfestigungen, Stillständen und weiteren Vorwärtsbewegungen. Entwicklungsverläufe geschehen in Phasen, von denen eine auf die andere aufbaut.

Kreative Prozesse haben zwar mit einzigartigen Momenten und Augenblicken der Erleuchtung zu tun. Darüber hinaus sind sie aber auch Entwicklungsverläufe, in denen Denken und Handeln heranreift. Die Betrachtung des kreativen Prozesses kann also nicht nur eine „Anatomie des kreativen Augenblicks" sein, wie Goleman, Kaufmann und Ray das Kapitel über die Phasen des kreativen Prozesses in ihrem Buch „Kreativität entdecken" benennen. Ein kreativer Prozeß ist in seiner Gesamtheit mehr als ein Augenblick. Ihn kennzeichnet nämlich eine unterschiedliche Dauer seiner einzelnen Phasen bis hin zum Ergebnis. Bei Forschungsprojekten beispielsweise kann dies Jahre dauern. Der unplanbare Moment der Erkenntnis, der Idee einer Lösung mag zwar ein Augenblick sein, dem jedoch verschiedene Elemente der Überlegung vorangestellt sind und bei dem viele Schritte der Umsetzung zur gesamten kreativen Leistung führen.

Kreative Prozesse wurden in der amerikanischen Kreativitätsforschung mit ihren unterschiedlichen Untersuchungsansätzen fast übereinstimmend in fünf aufeinanderfolgenden Phasen beschrieben: die Vorbereitungsphase, die Inkubationsphase, die Einsichtsphase, die Produktionsphase und die Bewertungsphase (vgl. Landau, E., 1974 und Preiser, S., 1976). Die Grundlage dieser Ansätze bildet die Aufgabe, die ein Mensch zu lösen hat.

In die *Vorbereitungsphase* tritt ein Mensch ein, der ein Problem wahrgenommen und aufgegriffen hat, das sich ihm aus den Lebenszusammenhängen dargeboten hat, das er sich selbst zur Aufgabe gemacht hat oder das ihm von Dritten zur Aufgabe gestellt worden ist. In dieser Phase ist der Mensch bereit, sich der Aufgabe zu stellen. Es wird eine Sammlung angelegt von Ideen, Gedanken, Informationen, Material, Eindrücken und Erfahrungen. Sammeln ist geprägt von der Haltung des Suchens. Diese Suche ist offene Wahrnehmung. Sie schafft eine breite Basis für die Vielfalt der Möglichkeiten. Gefundene Ideen, Informationen oder Materialien werden nicht voreilig als „wichtig" oder „unwichtig", „nützlich" oder „unbrauchbar" bewertet und kategorisiert, sondern der Sammlung zugefügt.

Spontaneität

Stellen Sie sich ein Kind und einen erwachsenen Menschen vor, die gemeinsam am Meeresstrand spazierengehen, um Muscheln zu suchen. Das Kind wird eher spontan dazu neigen, Muscheln aufzuheben und zu sammeln, die in irgendeiner Weise einen besonderen Reiz ausüben: große Muscheln, kleine, zackige, glänzende, glatte, ovale, dunkle oder helle Muscheln. Der Erwachsene wird im Vergleich dazu seine Sammlung nicht so spontan zusammenstellen. Ein erwachsener Mensch würde eher dazu neigen, gezielt ganz besondere Muscheln auszuwählen, die ihm als besonders einzigartig erscheinen, besonders schön und wohlgeformt. Muscheln, die denen ähneln, die bereits in seiner Sammlung vorhanden sind, wird er eher liegenlassen, wohingegen ein Kind eher dazu neigt unter dem Motto „noch so eine" auch ähnliche Exemplare zu sammeln, wenn sie auch schon vorhanden sind. Wir sehen daran, daß das Kind eine unvoreingenommene und spontanere Haltung dem Sammeln entgegenbringt, nicht sofort voreilig aussortiert. Ein erwachsener Mensch geht an die Sammlung unter bestimmten Gesichtspunkten heran und analysiert seine Fundstücke während des Sammelns sogleich unter diesen Aspekten, was wiederum zu einem sehr schnell einsetzenden Auswahlverfahren führt. Ein Kind würde am Meer zusätzlich zu den Muscheln vielleicht auch Federn von Vögeln oder bizarre, angeschwemmte Holzstückchen sammeln, obgleich es sich zum Ziel gesetzt haben mag, Muscheln zu sammeln. Es würde auch die angrenzenden Dünen einbeziehen, wenn seine Sammelleidenschaft noch nicht befriedigt wäre. Ein Erwachsener würde sich, aufgrund eigener Sammlungskriterien, zielgenauer auf Muscheln konzentrieren und auf die Orte, an denen sie wahrscheinlich am meisten vorkommen, nämlich am Ufer des Meeres.

An diesem Beispiel wird deutlich, worum es in der Vorbereitungsphase des kreativen Prozesses geht. Es bedarf einer gewissen Spontaneität und einer unvoreingenommenen Verhaltensweise, die die Vielfalt der Möglichkeiten aufnimmt und sich jeder voreiligen Auswahl enthält. Das Sammeln ist zwar zielstrebig, bewertet aber die Fundstücke noch nicht als geeignet und ungeeignet. Das Sammeln beginnt zwar in einem gewissen Gebiet, kann sich aber auf angrenzende Gebiete ausweiten.

Ein Arzt, der ein spezifisches Allergieproblem lösen möchte, wird sich in seiner Sammlung von Ideen, Möglichkeiten und Erfahrungen auf medizinischem Gebiet bewegen und nicht auf dem Gebiet der Kunsthistorik. Er wird aber unter Umständen die Möglichkeiten für eine Lösung auch in angrenzenden Gebieten wie der Naturheilkunde oder gar der Psychotherapie suchen und dort Hinweise sammeln. Daran wird deutlich, daß die Vorbereitungsphase im kreativen Prozeß zwar von zielgerichtetem Suchen und Sammeln geprägt, aber mit einer inneren Bereitschaft zu Offenheit, Spontaneität und Flexibilität gepaart ist sowie der Fähigkeit, in grenzüberschreitenden Gebieten zu suchen und zu finden.

Picasso wird das Wort zugeschrieben: „Ich suche nicht, ich finde." Diese Formulierung charakterisiert die Vorbereitungsphase. Nicht das Suchen ist das Ziel dieser Phase, sondern das Finden. Verkrampfte, zweckorientierte Suche nach Ideen, Möglichkeiten und Erkenntnissen verstellt oftmals den Blick für das spontane Finden und vorurteilsfreie Sammeln von Informationen, Material, Erkenntnissen und Wissen oder Erfahrungen. In der Vorbereitungsphase werden während des Sammlungs- und Findungsprozesses Erfahrungen gemacht, ohne sie zu zensieren, ohne zu kategorisieren. Die Sensitivität, also die Empfindsamkeit und Aufnahmebereitschaft für Wahrnehmungen, ermöglicht diese vielfältigen Erfahrungen mit den Fundstücken der Sammlung. Die Dauer der Vorbereitungsphase ist abhängig von der Art der Aufgabe bzw. des Problems, das gelöst werden soll, vom Wissen darüber und von den persönlichen Bedingungen des Einzelnen und seiner Einschätzung darüber, wann der Punkt erreicht ist, über genügend Material zu verfügen.

An diesem Punkt angekommen beginnt die sogenannte *Inkubations-phase*. Man ist gleichsam infiziert von der Problemlösung, hat alle relevanten Aspekte und alles Material gesammelt und beginnt, sich damit auseinanderzusetzen. Man hat sich die Aufgabenstellung zu eigen gemacht und identifiziert sich mit ihr. Sie sitzt einem buchstäblich „unter der Haut". In dieser Phase werden gedankliche Kombinationen der vorhandenen Möglichkeiten vollzogen, das vorhandene Material wird gesichtet, strukturiert, geordnet, bewertet und auf seinen Nutzen für die Lösung hin überprüft und für gut befunden oder verworfen.

Die Autoren Goleman, Kaufmann und Ray bezeichnen die Vorbereitungsphase als aktive Phase, während die Inkubationsphase eher passiv sei und sich in unbewußten Bereichen des Geistes abspielen würde. Die Kraft des Unbewußten sei es, die die Lösung hervorbrechen lasse. Deshalb empfehlen sie auch die bewußte Inszenierung von Tagträumen, um sich die Kräfte des Unbewußten nutzbar zu machen (vgl. Goleman, Kaufmann, Ray, S. 19–23).

Geistige Auseinandersetzung

Damit folgen sie der Ansicht der frühen Kreativitätsforschung, nämlich der, daß sich diese Phase vollkommen im Unbewußten abspielt, wie Poincaré es 1952 vertrat (vgl. Landau, 1974, S. 66). An der absoluten Formulierung dieser Annahme sind Zweifel angebracht. In der Inkubationsphase werden unzählige Denk- und Überlegungsprozesse angestellt, die die verschiedenen Elemente des vorhandenen Materials in den verschiedensten Kombinationen zueinander stellen und verbinden. Die Frage heißt: „Wie kann es geschehen?" Die geistige Auseinandersetzung darüber läuft bewußt und sehr gezielt ab. Unterscheidungen von brauchbaren und nichtbrauchbaren Ideen müssen getroffen werden. Kombinationen müssen durchdacht und auch vielleicht wieder verworfen werden. Wenn es sich herausstellt, daß die vorhandenen Informationen für eine Lösung nicht nützlich oder zu wenige vorhanden sind, muß zur Vorbereitungsphase zurückgekehrt und neues Material, neue Information zusammengetragen werden.

Diese geistige Auseinandersetzung wird bewußt und willentlich gesteuert. Allerdings ist es auch richtig, daß das Unbewußte an der Auseinandersetzung in nicht unerheblichem Maße beteiligt ist. Jede Problemstellung wird sowohl bewußt als auch unter der Schwelle des

Bewußtseins mitschwingend unbewußt bearbeitet. Während das Bewußtsein in vielfältigen Denkvorgängen nach einer Lösung sucht, kann es sein, daß im Unbewußten diese Lösung heranreift. Krampfhafte Suche nach einer Lösung, so lehrt uns die alltägliche menschliche Erfahrung, kann den Blick dafür verstellen, daß das Ergebnis ganz naheliegend ist.

Es ist wie bei einem Puzzlespiel. Immer und immer wieder wird ein bestimmtes Teil gesucht zur Schließung einer bestimmten Lücke. Von Ehrgeiz gepackt suchen wir nach dem einen Puzzleteil. Geben wir dann auf, lassen das Puzzle bis zum nächsten Tag liegen, kann es geschehen, daß wir plötzlich mit dem ersten Blick das entscheidende Teil finden und die Lücke schließen.

An der Vorbereitungsphase und der Inkubationsphase sind sowohl bewußte als auch unbewußte Elemente beteiligt, denn auch die Spontaneität des Sammelns wird oftmals von unbewußten Anteilen mitgesteuert. Die psychischen Impulse des Unbewußten können ebenso zum Durchbruch führen wie die bewußten Denkvorgänge, die schließlich ein Ergebnis produzieren. Unbewußtes ist hier im Sinne des Mitbewußten zu verstehen, also jene geistigen und/oder seelischen Inhalte, die zu einem im Augenblick bewußt vorhandenen Inhalt gehören, aber noch nicht oder nicht bewußt betrachtet werden, deren man sich aber jederzeit voll bewußt werden kann.

Eine Frau hat eine Reifenpanne. Sie will den Reifen wechseln. Der Wagenheber sinkt aber in tiefes, weiches Erdreich ein, so daß der Reifenwechsel nicht gelingt. Sie versucht, Autos anzuhalten, um Hilfe zu bekommen, sie fährt den Wagen ein Stück vor und zurück, um festeren Grund zu finden, sie sucht erfolglos eine Telefonzelle in der Nähe, um den Pannendienst zu rufen, aber keine der Maßnahmen führt zu einem befriedigenden Ergebnis. Während sie noch überlegt, was sie machen könnte und ob sie mit dem platten Reifen noch ein Stück weiterfahren soll, fällt ihr Blick plötzlich auf einen etwas größeren, flachen Stein, den sie schließlich unter den Wagenheber legt und feststellt, daß der Stein das Einsinken gut genug verhindert, um den Wagen erfolgreich anheben zu können und das Rad zu wechseln.

Die Lösung, durch einen Stein oder ein Brett den Untergrund zu befestigen, mag im Unterbewußtsein unterschwellig vorhanden gewesen sein. Der Zugriff zu dieser Lösung war im Bewußtsein durch den zufälligen Blick auf einen geeigneten Stein möglich geworden.

> Bewußtes und Unbewußtes sind miteinander in einer einzigartigen geistig-seelischen Leistung verbunden, denn der Durchbruch zur Erkenntnis einer angemessenen Lösung verlangt dem Menschen Frustrationstoleranz und Durchhaltevermögen sowie Durchhaltewillen ab.

Frustrations-toleranz

Ein voreiliges Resignieren bei den ersten Fehlschlägen in dem Stil „Ich kann das doch nicht" bewirkt die Aufgabe und das Ablassen von der Lösungsfindung, wohingegen ein „Ruhenlassen" oftmals zur Lösung führen kann. Ein gewisser Abstand zu einer Sache, auf die alles Denken fokussiert ist, ein gewisses Abschalten, zur Ruhe kommen und eine gewisse Gelassenheit kann an dem Punkt, an dem man glaubt, nicht mehr weiterzukommen, plötzlich unvermutet die Erkenntnis über den gangbaren Weg erbringen. Eine Einsicht kann oft dann zustande kommen, wenn nach einem Abstand das Problem wieder neu und frisch betrachtet werden kann. So fallen uns manchmal Lösungen mitten in der Nacht, beim Autofahren oder Zähneputzen ein. Wie zufällig entsteht der „Geistesblitz", der die richtige und angemessene Erkenntnis mit sich bringt, während wir mit anderen Dingen beschäftigt sind und die Gedanken um die Problemlösung ruhen.

An diesen Situationen hat sich der Mythos Kreativität entzündet. Wie ein göttlicher Funke dämmert plötzlich die Erkenntnis herauf, nach der so emsig und beharrlich gesucht wurde. Diese Erleuchtungssituation ist zweifelsohne in kreativen Prozessen zu finden. Nicht umsonst wird die *Einsichtsphase* auch als „Aha-Effekt" oder nach dem Ausruf des Archimedes als „Heureka-Erlebnis" (heureka gr. = ich hab es gefunden) bezeichnet.

Der Legende zufolge sollte Archimedes, ein griechischer Gelehrter, Hieron, dem Tyrannen von Syrakus, den Nachweis über den reinen Goldgehalt einer reichverzierten Krone erbringen, ohne sie einzu-

schmelzen. Er kannte zwar das spezifische Gewicht des Goldes, doch die Reinheit des Goldes konnte er nicht bestimmen, ohne das Gold einzuschmelzen, da er die Menge des Goldes an der Krone nicht kannte. Bei einer Gelegenheit, als er ein Bad nehmen wollte, bemerkte er, daß das Wasser in dem Maße stieg, wie sein Körper in die Wanne eintauchte. Er soll „Heureka" gerufen haben, als ihm anläßlich dieser Situation klar wurde, daß das Volumen des verdrängten Wassers mit dem Volumen des eigenen Körpers identisch sein müßte und er auf diese Weise das Volumen der Krone bemessen konnte.

Arthur Koestler bezeichnete dieses Phänomen als Fähigkeit zu „bisoziieren":

> *„Sicher hatte Archimedes viele Male beobachtet, daß sich der Wasserspiegel hob, wenn er ins Bad stieg, aber diese Tatsache und die Differenz zwischen der Höhe der beiden Wasserspiegel hatten für ihn keinerlei Bedeutung, bis er sie plötzlich mit seinem Problem bisoziierte."* (Koestler, 1966, S. 105)

Plötzliche Erkenntnis

Die Legende von Archimedes im Bade ist eine Darstellung dafür, wie in der Einsichtsphase Denkoperationen mit zufälligen Beobachtungen und Einsichten kombiniert werden, um schließlich zu einer Lösung zu führen. Die Einsichtsphase schließt also an die Inkubationsphase an und beschreibt jenen Moment, in dem sich die Lösung darbietet. Sie kommt nicht wie eine Erleuchtung aus dem Nichts, sondern ist Ergebnis von bewußten oder unbewußten Bearbeitungsvorgängen, die das übliche Schema verlassen und eine Übertragungsleistung erbracht haben, indem verschiedene Lösungsansätze miteinander verbunden oder Erkenntnisse aus einem Gebiet auf andere Gebiete übertragen werden.

Wenn dieses Phänomen der plötzlichen Erkenntnis so unvermutet und unplanbar, scheinbar aus dem „Nichts" auftaucht, wird es leicht mystifiziert. Schnell wird vergessen, wieviel Nachdenken und Aushalten unbefriedigender und frustrierender Gefühle bewußter und unbewußter Art die Erkenntnis gekostet hat, wieviel Disziplin und Arbeit, wieviel Aufmerksamkeit, Vorbereitung und Ausdauer für den Durchbruch nötig war.

Die Eingebung ist nicht mit noch so vielen Tagträumen und Techniken der Entspannung zur Aktivierung des Unbewußten zu erreichen, wenn das Bewußtsein und damit das Denken nicht ausdauernd mit der Problematik beschäftigt war. Allerdings wird dies der Umwelt selten deutlich, weil es oft ein innerlicher Prozeß ist. Der Mensch, der eine Erkenntnis gewonnen hat, reflektiert selbst nicht unbedingt, wie lange es gebraucht hat, bis diese Erkenntnis konkret wurde.

Die Einsichtsphase scheint nur ein Augenblick der Erkenntnis zu sein. Dennoch ist sie eine Phase, denn obgleich die Grundlage der Lösung plötzlich vorhanden ist, wird sie in Gedanken bewegt, überprüft, verändert, bis es zur Umsetzungs- oder Produktionsphase kommt.

Die gedankliche Auseinandersetzung mit der erworbenen Einsicht kann aber auch dazu führen, daß die Lösung verworfen und nicht umgesetzt wird. Dann beginnt wieder die Inkubationsphase als die Phase der Kombination vorhandener Informationen. Ist die gewonnene Erkenntnis mit einem subjektiven Eindruck der Angemessenheit verbunden, geht der kreative Prozeß in die *Produktions- oder Umsetzungsphase* über. Das Ergebnis wird öffentlich als materielles oder ideelles Produkt präsentiert und erprobt. Die Erprobung auf Funktion und Angemessenheit geschieht im sozialen Umfeld. Ein Kind beispielsweise formuliert: „Ich habe mir eine Geschichte ausgedacht, die ich dir erzählen will."

Handeln   Ein Erwachsener geht vielleicht zu seinem Arbeitgeber und schlägt ein effizienteres Verwaltungs- und Produktionsverfahren vor. Eine Frau sagt ihrem Lebenspartner möglicherweise: „Ich habe einen Vorschlag, wie wir die Betreuung der Kinder besser organisieren können." Und ein Künstler beginnt, ein neues Bild zu malen, das er in einer Ausstellung präsentieren will.

> Die Ergebnisse kreativer Prozesse werden in der Produktionsphase umgesetzt in konkretes Handeln und damit dem engeren oder weiteren Lebensumfeld präsentiert.

Während dieser Umsetzungsphase kann es geschehen, daß die zunächst gedanklich vorgestellte Lösung weiter verändert und den Erfordernissen angepaßt wird. Dies geschieht durch die Kommunikation mit anderen Menschen über das präsentierte Ergebnis. Damit gleitet die Produktions- bzw. Umsetzungsphase in die *Phase der Bewertung*. In der konkreten Umsetzung des Ergebnisses und der Auseinandersetzung mit der Umwelt zeigen sich nämlich der Nutzen, die Angemessenheit und die Funktionsfähigkeit der Problemlösung. Das heißt, die neue Einsicht wird solange getestet, geprüft, geformt und bewertet, bis sie dem kreativen Individuum und/oder der Umwelt als angemessen erscheint. Allerdings ist anzumerken, daß weder die Umsetzung der Erkenntnis bzw. des Problemlösungsansatzes noch die Bewertung in unmittelbarem zeitlichen Zusammenhang

Überprüfen

mit der Erkenntnis selbst stehen muß. Das bedeutet, daß entwickelte Ideen und Problemlösungsmöglichkeiten auch eine Weile ruhen können, bis dem einzelnen Menschen der Ort, die Zeit und die Bedingungen als geeignet erscheinen, mit dem konkreten Handeln und der damit verbundenen Auseinandersetzung mit anderen Menschen zu beginnen. Dies wird bei zwischenmenschlichen Konfliktlösungen deutlich. Oftmals ist die Erkenntnis einer möglichen Lösung vorhanden, lange bevor sie mit dem jeweiligen Gesprächspartner oder der Gesprächspartnerin angesprochen, vorgeschlagen und verhandelt wird. Ein günstiger Augenblick und eine günstige Situation werden abgewartet und gewählt, um ein möglichst hohes Maß an Aufnahmebereitschaft zu ermöglichen.

> Der gesamte kreative Prozeß mit seinen ineinanderübergehenden Phasen ist nicht linear zu sehen, so daß ein Schritt notwendigerweise auf den vorhergehenden aufbaut. Er ist eher eine spiralförmige Entwicklung, bei der der einzelne manchmal an einem gewissen Ausgangspunkt der vorherigen Phase zurückkehren muß, um dadurch weiter voranzukommen.

Daran wird deutlich, wieviel emotionale Energie zusätzlich zur geistigen Auseinandersetzung in den Prozeß eingebracht wird. Die Fähigkeit, flexibel und offen zu sein, Spontaneität aufzubringen, muß gleichzeitig verbunden sein mit der Fähigkeit, Enttäuschungen auszuhalten, Widersprüche zu akzeptieren und Fehlschläge hinzunehmen, ohne vom Ziel abzulassen und zu resignieren. Durchhaltevermögen und Widerstandskraft in Zusammenhang mit Erkenntnisstreben und Lösungswillen sind die Kräfte, die bei erfaßten Schwierigkeiten das vorzeitige Aufgeben vermeiden und den Durchbruch zur Lösung ermöglichen. Dieses Beharrungsvermögen in Verbindung mit der Fähigkeit der Unterscheidungskraft, des Differenzierungsvermögens und der Kritikfähigkeit ermöglicht eine gewisse schöpferische Unzufriedenheit, die sich nicht so leicht mit voreiligen Ergebnissen und stereotypen Lösungen zufriedengibt, ohne ausdauernd und ausschöpfend nach Alternativen und neuen Wegen gesucht zu haben.

Emotionale Befindlichkeit

Frustration und Fehlschläge führen leicht dazu, kreative Prozesse abzubrechen, die Problemlösungsversuche zu beenden und auf vorgegebene Verhaltensweisen und Möglichkeiten zurückzugreifen. Deshalb sind Flexibilität, Frustrationstoleranz und Stabilität die entscheidenden emotionalen Fähigkeiten und Bedingungen, die kreative Prozesse und ihren erfolgreichen Abschluß ermöglichen. Belohnt wird diese Investition geistiger und seelischer Energien in eine Lösung mit einem Gefühl der Freude, des Erfolges, der Zufriedenheit und des Glückes.

Aufgrund der bisherigen Ausführungen wird deutlich, daß nicht alle Problemlösungsprozesse auch kreative Prozesse sind. Sie sind es nur, wenn sie zu neuen, originellen und ungewöhnlichen bzw. unüblichen Lösungen führen. Kreative Prozesse können auf der Basis einer Problem- und Aufgabenstellung entstehen. Somit können kreative Prozesse auch Problemlösungsprozesse sein. Der Zweck und das Ziel, eine Aufgabe zu lösen, ist aber nicht die einzige Grundlage und auch nicht der einzige Anlaß für einen kreativen Prozeß. Grundlage und Anlaß für kreative Prozesse kann auch der besondere Reiz einer bestimmten Situation, der Wunsch nach Ausdruck von Gefühlen oder auch das Gefühl von Freude oder Befriedigung an schöpferischem

Gestaltung der eigenen Lebensumwelt

Handeln sein. Ein kreatives Produkt, wie z. B. ein selbstgemaltes Bild, ein komponiertes Musikstück, eine selbstgestaltete Vase aus Ton, eine erfundene Geschichte, ein selbsthergestelltes Blumenarrangement, ein frei erfundener Tanz, ein selbstgeschriebenes Musikstück, ein selbstentworfenes und gestaltetes Kleidungsstück oder sogar eine besondere Überraschung für einen lieben Menschen, kann in einem kreativen Prozeß entstehen, ohne daß der Beginn dieses Prozesses durch eine konkrete Problem- oder Aufgabenstellung gekennzeichnet ist. Gründe und Anlässe, besonders für die „inspirierten kreativen Prozesse", können spielerische Freude am Tun, ein besonderes Interesse, das Bedürfnis nach Selbstausdruck, das Bedürfnis nach Gestaltung der eigenen Lebensumwelt und auch das Bedürfnis nach sinnvoller Freizeitgestaltung und Kontaktaufnahme sein. Abgesehen von einer möglichen, konkreten Aufgaben- und Problemstellung bestimmt der Mensch durch sein Interesse und seine persönlichen Motivationen den Anlaß für die kreativen Prozesse immer wieder neu und individuell. Ein kreatives Produkt, das am Ende eines kreativen Prozesses steht, kann das Ergebnis spielerischer Phantasie und Ausdruck von Gefühlen sein. Die Phasen, die zur Entwicklung dieses Produktes dienen, sind zwar die Phasen des kreativen Prozesses, wie ich ihn beschrieben habe, aber der Zugang zum kreativen Prozeß muß nicht nur durch eine konkrete Aufgaben- und Problemstellung erfolgen, sondern kann sich auch spontan und spielerisch aus einer augenblicklichen Situation ergeben, ohne daß eine Lösung gezielt angestrebt wird. Zwar hat ein Mensch in den Phasen des kreativen Prozesses immer wieder kleinere und größere Problem- und Fragestellungen zu überwinden, wie z. B. bei einem Bild die Probleme der Auswahl von Farben, ihrer Wirkung zueinander und die Schwierigkeiten der Gesamtkomposition. Insofern ist man in kreativen Prozessen immer mit der Überwindung von Einzelfragen und Detailproblemen konfrontiert, um überhaupt zu einem Ergebnis kommen zu können. In kreativen Prozessen werden daher auch immer gewisse Problemstellungen gelöst, aber der Zugang und der Umgang mit ihnen kann spielerischer und experimentell erprobender Natur sein. Solches kreatives Handeln ermöglicht ebenso wie bei der Lösung von Aufgaben Gefühle der Zufriedenheit, des Erfolges und des Selbstbewußtseins.

2.3 Kreativität und ihre Antriebskräfte

In den vorangegangenen Kapiteln wurden das Wesen der Kreativität, ihre Prozesse und ihre Leistungen dargestellt. Es stellt sich nun die Frage, was die Wiederholung einer Aktivität herausfordert, was das Durchhalten im kreativen Prozeß ermöglicht, warum einige Menschen allen Widerständen zum Trotz an der nicht immer einfachen Suche nach Lösungen festhalten, während andere schneller aufgeben, resignieren und vorgegebene Lösungen ergreifen.

Die Frage stellt sich also nach der Motivation zu kreativen Leistungen und was das zielbewußte Verhalten in Gang setzt und in Gang hält. Dazu hat die Psychologie im Rahmen ihrer Motivationsforschung einige Erklärungsansätze entwickelt.

Es muß irgend etwas geben, was menschliches Erleben und Verhalten aktiviert, auf ein Ziel hin steuert und trotz mancher Hindernisse aufrechterhält. Dieses Etwas wird als Motivation bezeichnet. Motivationen können triebgesteuert sein. Damit sind biologische Voraussetzungen gemeint, die eine bestimmte Handlung zur Befriedigung körperlicher Bedürfnisse aktivieren, wie z. B. Hunger. Motivationen können aber auch sozial gesteuert sein, womit soziale Antriebsgründe für Handlungen beschrieben werden, wie z. B. Leistungsanerkennung, Zuwendung. Besonders Kinder sind über Zuwendung und Anerkennung von ihren Eltern und anderen Erwachsenen, die ihnen wichtig sind, zu motivieren.

Motivationen steuern die Aktivität von Menschen

Weiner versucht, die Motivation mit dem Begriff Bedürfnis zu erläutern, wobei unterschieden wird in primäre und sekundäre Bedürfnisse (vgl. Weiner, 1984).

Primäre Bedürfnisse sind biologisch bedingte Mangelzustände, wie z. B. Sättigungsbedürfnis, Schlafbedürfnis, Trinkbedürfnis, die ausgeglichen werden müssen und bei denen nur bedingt eine Befriedigung dieser Bedürfnisse verschoben werden kann. Sekundäre Bedürfnisse sind psychische Bedarfszustände, die aufgrund von Gefühlen nach Befriedigung streben, wie z. B. soziale Anerkennung, Verlangen nach Selbstverwirklichung. Es gibt sicherlich auch Motivationen, die sich sowohl aus den Primär- als auch aus den Sekundärbedürfnissen ergeben. Ein abendliches Essen mit Freunden befriedigt sowohl die Sättigungsbedürfnisse als auch die Bedürfnisse nach Gemeinschaft und Kontakt.

Emotionen sind eine starke Antriebskraft, denn sie begleiten nahezu alle Handlungsweisen, Vorstellungen, Gedanken und Empfindungen. Somit bilden Emotionen auch eine starke Motivation für unsere Handlungen und beeinflussen ihre Art und Weise.

Motivationen, Emotionen und Bedürfnisse stehen also in einem sehr komplexen, sich wechselseitig beeinflussenden Zusammenhang miteinander, der die Aktivitäten und die Handlungsweisen eines Menschen bestimmt.

Motivationen haben einen Drang-, Ziel- und Verstärkeraspekt. Menschen verfügen über einen Drang als Antriebskraft für Aktivität, der zielgerichtet ist und durch die Resonanz der Außenwelt verstärkt werden kann. Eine Stimulans von außen kann wichtig sein für den Beginn einer Aktivität und ihre Fortführung. Das heißt aber nicht, daß ein Motivationsschub immer von außen kommt, er kann auch von innen, aus der Person selbst kommen. Menschen werden nicht nur aktiv, wenn sie von der Außenwelt stimuliert und angeregt werden. Sie werden auch durch eigene, innere Antriebe zu Aktivität veranlaßt. Die Ursachen hierfür sind unterschiedlich. Einige sollen genannt werden:

- der Drang, eigene Fähigkeiten entfalten zu wollen;
- das Bedürfnis nach Selbstentwicklung;
- der Wunsch, Konflikte zu lösen und zu kontrollieren;
- das Bedürfnis, sich selbst zu regulieren und eine Lebensorganisation zwischen Selbstverwirklichung und nötiger Anpassung zu schaffen;
- die Vermeidung unerwünschter Ziele zugunsten erwünschter Ziele;
- die Unzufriedenheit mit bestimmten Situationen und das Bedürfnis, zufriedenstellendere Situationen zu schaffen;
- das Bedürfnis nach Kontakt und Kommunikation mit der Lebensumwelt;
- das Bedürfnis, Widerstände zu überwinden und frustrierende Gefühlslagen positiv zu verändern (vgl. Landau, 1974).

Die Motivationen für kreative Leistungen sind demzufolge sowohl in den Impulsen der Außenwelt als auch der Innenwelt zu suchen. Die Aktivität, das Handeln, besonders das erfolgreiche Handeln, wirkt verstärkend für den Erhalt der Motivation. Äußere Zielanreize können Leistungsanerkennung und positive Resonanz von außen, wie z. B. Macht, Prestige und Achtung, sein. Innere Zielanreize können z. B. Freude, Neugierde, positive Gefühle, Lust, Befriedigung, Stolz, die Realisation eigener Ideale oder die eigene Beantwortung der

Sinnfrage sein. Aktivität ist ein wichtiger Verstärker innerer oder äußerer Motivationen. Auch wenn uns die Ziele unseres Handelns im Einzelfall nicht immer deutlich bewußt sind, ist die Aktivität doch nicht ziellos.

Es ist anzunehmen, daß sich die Motivationen für kreatives Handeln aus den beschriebenen inneren und äußeren Faktoren entwickkeln, verstärkt durch Erfolg und Anerkennung.

Csikszentmihalyi hat diese Antriebskräfte für Kreativität untersucht und ist auf einen sehr positiven Aspekt menschlicher Erfahrung gestoßen, den er als „Flow" bezeichnet. „Freude, Kreativität und den Prozeß vollständigen Einsseins mit dem Leben" nennt er „Flow". (Csikszentmihalyi, 1992, S. 11)

Glück als Impuls für Kreativität

Es ist jene Hochstimmung, Freude oder jenes Glück, das sich einstellt, wenn man sich in Einklang mit seinem Schicksal fühlt und sein Leben auf gelungene Weise steuert. Er nennt es die „optimale Erfahrung" (Csikszentmihalyi, 1992, S. 15), und sie vermittelt ein Glücksgefühl. Diese „optimale Erfahrung" ist sicherlich etwas, das jeder Mensch in unterschiedlichen Dingen findet. Für einen Maler, eine Malerin könnten die optimale Erfahrung und das Glück mit einem neuen Bild verbunden sein; ein Vater beobachtet die ersten Schritte seines Kindes, einem Sportler, einer Sportlerin gelingen erstmalig Bestleistungen, ein Handwerker, eine Handwerkerin hat ein schwieriges technisches Problem seines bzw. ihres Berufes gelöst, ein Schüler oder eine Schülerin hat erstmalig eine sehr gute Lateinarbeit geschrieben oder einen schwierigen Schulabschluß geschafft, oder die große umworbene Liebe sagt endlich „Ja".

Die verschiedensten Situationen sind denkbar, in denen der einzelne Mensch eine zutiefst befriedigende und beglückende Erfahrung macht, die ihn in Hochstimmung versetzt und in hohem Maß Lebenszufriedenheit vermittelt.

Die Situationen und Anlässe dieses Hochgefühls sind zwar so verschieden wie die Menschen selbst, das Gefühl scheint uns allen aber gleichermaßen bekannt zu sein. Es ist ein Gefühl wie hellster Sonnenschein, ein Gefühl von Kraft und Harmonie. Man könnte die Welt umarmen und ist für einen Moment völlig zufrieden mit sich und der Umwelt, die Zeit bleibt stehen. Dieses Gefühl möchten wir

gerne öfter erleben und streben daher immer wieder danach, weil es
einerseits so befriedigend und andererseits die eigenen Energien auf-
zuladen in der Lage ist.

Csikszentmihalyi geht in seinem Buch „Flow – Das Geheimnis
des Glücks" davon aus, daß Glück kein Zufall ist, sondern durch
den Menschen selbst beeinflußt werden kann, wenn er lernt, bewußt
eigene innere Erfahrungen zu steuern und seine Lebensqualität selbst
zu bestimmen (vgl. Csikszentmihalyi, 1992). Er will durch die Untersuchung des „Flow-Gefühls", jenes glücklich-fließenden Zustan-
des innerer Harmonie, Wege aufzeichnen, wie ein Mensch diesen
Zustand bewußt erreichen kann. Dabei sollte allerdings nicht vergessen werden, daß die Mehrheit der Menschheit in Benachteiligung
und Elend lebt und angesichts der zwingenden Aufgabe zu überleben scheint die Auseinandersetzung mit der Erreichung von Glücks-
gefühlen fast Hohn zu sein. Dennoch kann man davon ausgehen,
daß jedem Menschen, in welcher Lebenssituation er sich auch immer befindet, das Gefühl von Glück, die Erfahrung von Freude genauso zu eigen ist wie die Erfahrung von Schmerz.

Im Hinblick auf die Kreativität ist zu fragen, ob das Glücks- oder
Flowgefühl kreative Aktivitäten antreibt und verstärkt. Wenn es außerdem stimmt, daß glückliche Erfahrungen nicht schicksalsbedingt
sind, sondern vom einzelnen Menschen selbst mitbewirkt und einge-
leitet werden können und diese eine Antriebskraft für die Entwicklung der Kreativität darstellen, dann würde das bedeuten, daß kreative Aktivitäten durch Freude und positive Erfahrungen stimuliert
werden können, bzw. umgekehrt, daß freudebringende Erfahrungen
durch eigene Kreativität verstärkt und vermehrt werden könnten.
Wir hätten eine Methode, mit der ein Mensch bewußt seine Lebenszufriedenheit und Lebensenergie steigern könnte durch das Streben
nach kreativem Handeln.

Befriedigende Erfahrungen

Flow meint nicht das flüchtige, zufällige Glücksgefühl, das kurzfristig aus dem Konsum und Verbrauch bestimmter äußerer Impulse
entsteht. Es ist nicht das kurze befriedigende Gefühl gemeint, das
sich nach der Zuführung von Genußmitteln, einem guten Essen, einem guten Wein beispielsweise einstellt. Es ist auch nicht das ange-
regte Gefühl nach einem amüsanten Kinofilm, der vielleicht der Ent-

spannung in der abendlichen Freizeit diente. Flow hat nichts mit der vorübergehenden geistigen, seelischen oder körperlichen Sättigung zu tun, die sich einstellt, wenn kurzfristige Bedürfnisse befriedigt werden. Flow ist eher ein Erlebnis, eine Erfahrung, die von langfristiger Bedeutung und länger anhaltender Wirkung für den einzelnen Menschen ist. Erfahrungen werden „gemacht". Allein aus der Formulierung „Erfahrungen machen" wird deutlich, daß es sich hierbei nicht nur um die Aufnahme von Reizen und Impulsen handeln kann, sondern um ihre individuelle Verarbeitung. Erfahrungen führen zu verändertem Handeln. Der Mensch nimmt Erfahrungen auf, setzt sie in Beziehung zu seinen persönlichen Auffassungen, Gefühlen, früheren Erlebnissen. Er interpretiert und deutet die Erfahrungen, bewertet sie, ordnet sie als wichtig und unwichtig ein und integriert sie in sein persönliches Leben. Wir sehen also, Erfahrungen zu „machen" ist ein sehr aktiver und bewußter Prozeß der Aufnahme und Verarbeitung von Impulsen. Eine Erfahrung gemacht zu haben, bewirkt immer ein früher oder später eintretendes verändertes Handeln, Denken oder Fühlen. Voraussetzung hierfür ist jedoch, daß die Erfahrung bewußt erlebt wurde.

Die Rolle des Bewußtseins

Damit sind wir bei der Rolle des Bewußtseins im Zusammenhang mit Erfahrungen. Das menschliche Bewußtsein ist sicherlich das Ergebnis der Komplexität unseres Nervensystems und der biochemischen Vorgänge, die Denken und Fühlen sowie Handeln in Gang setzen und beeinflussen. Abgesehen von diesen biologischen Voraussetzungen wird mit Bewußtsein die Vielzahl der Denk- und Gefühlsvorgänge beschrieben, mit denen ein Mensch die Ereignisse seiner Lebensumwelt erfassen, interpretieren, ordnen und reflektieren kann. Darüber hinaus ist der Mensch über das Bewußtsein auch in der Lage, sich selbst zu analysieren, seine inneren Einstellungen zu verändern und Wirkungen der Impulse von außen auf seine eigene Person zu beobachten und zu prüfen. Er ist in der Lage, die Inhalte seines Denkens in Distanz von den Einflüssen der Außenwelt zu bestimmen und zu verändern. Das Bewußtsein ermöglicht uns, nicht nur instinktgeleitet und spontan reagieren zu müssen, sondern abwägen zu können und zu bedenken, was die über die Sinne von außen einströmenden Reize bedeuten, bevor eine Reaktion erfolgt. Das Bewußtsein ist also eine Instanz der Selbststeuerung, die der Mensch für die Organisation und Koordination seines Lebens nutzt.

Alle Ereignisse, die wir über die Sinne, über Riechen, Hören, Fühlen, Schmecken, Tasten aufnehmen, lösen Gedanken, Gefühle, Empfindungen, Absichten und Handeln aus, denen wir bewußt eine Richtung, ein Ziel, eine besondere Bedeutung geben können. All diese Reize könnten im Bewußtsein aufgenommen, verarbeitet und bewertet werden. Doch wir machen nicht alle Reize zum Bestandteil unseres Bewußtseins. Auf selektive Art und Weise werden bewußt jene Impulse aus der Außenwelt aufgegriffen und bearbeitet, die für uns aus irgendeinem Grund heraus von Wichtigkeit sind. Die Aufnahme von Impulsen und Informationen der Außenwelt ins Bewußtsein, die dann in irgendeiner Weise bearbeitet werden und zu Veränderungen in der Persönlichkeit führen, lassen sich als Erfahrungen bezeichnen.

Somit sind Erfahrungen nur auf der Grundlage der Aktivitäten des Bewußtseins möglich. Das Bewußtsein formt eine individuelle Realität, indem nur bestimmte Ereignisse aufgegriffen und bearbeitet werden. Erfahrungen sind damit genauso individuell unterschiedlich und spiegeln die subjektive Realität des einzelnen Menschen wider. Stellen wir uns die Steuerungsfunktion des Bewußtseins in einer alltäglich Situation einmal vor.

Eine Autofahrerin befindet sich auf der Autobahn auf der linken Spur in zügigem Tempo und überholt einige dichtauffahrende Lastwagen, die auf der rechten Spur mühselig eine Steigung bewältigen. Es handelt sich um eine alltägliche Situation, die der Autofahrerin kaum als besonders bedeutsam auffällt und bewußt wird. Wenn sie aber einmal die Erfahrung gemacht hatte, daß ein LKW plötzlich aus der Schlange ausschert und auf die Überholspur kommt, was die schnellfahrende Autofahrerin in eine prekäre Situation brachte, weil sie stark abbremsen mußte, dann wird unsere Autofahrerin die Schlange der LKW auf der rechten Seite bewußt wahrnehmen und ihr entsprechende Aufmerksamkeit zollen, um im Falle, daß sie mit einem unvorhergesehenen Fahrmanöver konfrontiert wird, vorbereitet zu sein. Sollte es tatsächlich geschehen, daß ein LKW plötzlich auf die Überholspur wechselt, könnte die Frau zufrieden mit sich sein, wenn sie in Erwartung dieser möglichen schwierigen Situation, die Geschwindigkeit bereits vorsichtshalber gedrosselt hat.

An diesem Beispiel kann man erkennen, wie sehr das Bewußtsein auf der Basis von Erfahrungen gezielt die Aufmerksamkeit erhöhen und steuern kann und wie gleichzeitig eine erhöhte Aufmerksamkeit das Bewußtsein stimuliert, Annahmen, Einstellungen und Verhaltensweisen zu verändern oder zu verstärken. Das bedeutet, daß ein willentlich und bewußtes Erweitern von Aufmerksamkeit auch eine Erweiterung des Bewußtseins zur Folge hat. Erweitertes Bewußtsein ermöglicht die Erweiterung von Erfahrungen.

Was haben nun diese Betrachtungen mit Flow zu tun, mit jenem Gefühl von Harmonie und Freude, das eine starke Antriebskraft für die Lebensgestaltung sein kann und die Lebensqualität erhöht?

Freude Cszikszentmihalyi geht davon aus, daß ein Mensch sich dieses positive „Flow-Gefühl" selbst immer wieder ermöglichen und erarbeiten kann (vgl. Cszikszentmihalyi, M., 1992).

Das Bewußtsein als zentrales Steuerungselement ermöglicht es uns, unsere Aufmerksamkeit auf bestimmte Dinge zu erweitern, die uns positive Erfahrungen ermöglichen, aus denen wir Zufriedenheit, Freude, Anerkennung und Stolz ziehen können. Im Gegensatz zu Ereignissen, die uns zwar kurzfristig befriedigen und Freude machen, die wir aber nicht mehr bewußt erfahren und erleben, wie z. B. Essen, Trinken, einen spannenden Film anschauen, sind bewußte positive Erfahrungen in bezug auf das eigene Lebensgefühl und die eigene Lebenszufriedenheit von dauerhafterer Wirkung. Erfahrungen und die darauf aufbauenden Handlungen bereiten häufig dann Freude, wenn sie einem Menschen das Gefühl von Wirksamkeit, Autonomie und Kompetenz verleihen.

Das Hochgefühl des Flow kann also eintreten, wenn der Mensch eine bestimmte Form der Selbstbestätigung erhält, in der er positive Erkenntnisse und Erfahrungen über seine Fähigkeiten, seine Fertigkeiten und seine Möglichkeiten erhält. Diese Selbstbestätigung kann er aus sich selbst erlangen und/oder auch aus den Reaktionen der Umwelt auf seine Leistungen und Verhaltensweisen.

In dem Buch „Kreativität" setzt Cszikszentmihalyi die Flow-Erfahrung mit dem Gefühl von Freude gleich und nennt neun Hauptelemente, die Freude kennzeichnen:

- Ziele;
- unmittelbares Feedback von der Umwelt für eigenes Handeln;
- Aufgaben und Fähigkeiten stehen in Gleichgewicht zueinander;
- Handeln und Bewußtsein bilden eine Einheit;
- Ablenkungen werden vom Bewußtsein ausgeschlossen;
- Versagensängste sind nicht vorhanden;
- Selbstvergessenheit;
- Zeitgefühle werden aufgehoben;
- die Aktivität ist ein Ziel in sich (vgl. Cszikszentmihalyi, M., 1997, S. 163–166).

Diese theoretisch formulierten Elemente und Merkmale von Freude können wir leicht nachvollziehen, wenn wir uns an das Spiel der Kindheit erinnern. Im Spiel waren wir als Kinder oftmals so selbstvergessen, daß das Gefühl für Raum und Zeit verlorenging, wir bekamen Rückmeldungen auf unsere Verhaltensweisen von den Spielpartnern und -partnerinnen. Das Ziel unserer Spiele war, Spaß zu haben. In spielerischen Wettkämpfen mit anderen wurden eigene Fähigkeiten erprobt. Versagensängste traten wenig auf, denn die Faszination von der Aktivität überlagerte diese. Außerdem war alles ja „nur Spiel". Die Mischung aus Spannung und Freude machte den Lustgewinn des Spielens aus, wenn die Anforderungen auch hoch waren. Anforderungen und Fähigkeiten standen im Gleichgewicht. Wenn sie nicht im Gleichgewicht gestanden hätten, hätten wir als Kinder nicht die Lust gehabt mitzuspielen oder wir hätten versucht, das betreffende Spiel zu erlernen. Der Genuß des Spiels lag in der spielerischen Aktivität um ihrer selbst willen. Was zählte, war nicht nur das Gewinnen, sondern das Mitmachen.

Aktivität

> Das Flow-Erlebnis beinhaltet eine Freude an der Aktivität um ihrer selbst willen. Es meint das Streben nach einem Ziel, welches an sich schon befriedigend sein kann, gleichgültig, ob das Ziel erreicht wird oder nicht.

Daher ist eine Voraussetzung für Flow ein gewisses Durchhaltevermögen. Wenn eine Aktivität begonnen und schnell wieder abgebrochen wird, weil sie als nicht erfolgversprechend, sinnlos, langweilig, unbefriedigend und ermüdend erscheint, entwickelt sich keine Freude an der Aktivität selbst und das Flowgefühl von Harmonie, Zufriedenheit und Begeisterung stellt sich nicht ein.

Die eigene Motivation und Einstellung jedoch bewirkt, ob man einer bestimmten Aktivität eine Chance gibt oder nicht. Vieles wird von vornherein abgelehnt zu erproben, weil Vorurteile, Meinungen, Erfahrungen uns zu einer Ablehnung verleiten.

Mein Sohn beispielsweise wollte nie Snowboard fahren. Er hatte eine Ablehnung dagegen und begriff sich als Skiläufer. Nachdem er auf Aufforderung von verschiedensten Seiten es einfach einmal ausprobierte, entwickelte sich bei ihm eine so große Begeisterung für diesen Sport, daß er sich heute mit viel Erfolg nur noch diesem Sport widmet. Die Aktivität selbst ist ihm zum Genuß, zur Freude geworden, wenn es auch lange Zeit des Erlernens dieser Technik bedurfte.

Die Motivation für eine Aktivität bestimmt also den Zugang zu ihr. An dieser Stelle sind wir wieder bei dem Bewußtsein als Steuerungsinstanz angelangt. Sich einer Aktivität zu öffnen, ihren Möglichkeiten für die Weiterentwicklung der eigenen Persönlichkeit eine Chance zu geben, bedarf einer bewußt offenen und möglichst vorurteilsfreien Einstellung. Dann wird die Aufmerksamkeit gesteigert, und sogar eine lästige Aufgabe kann sich in eine zufriedenstellende Betätigung verwandeln.

Cszikszentmihalyi beobachtete in seinen Interviews mit Persönlichkeiten, die nachweislich gesellschaftlich bedeutende, kreative Leistungen hervorgebracht haben, daß sie von Gefühlen der Konzentration, Selbstvergessenheit, Zielstrebigkeit, Spannung, aber auch Harmonie und Freude während ihrer kreativen Prozesse und kreativen Phasen berichteten, die er als Flow bezeichnet. Bei erfolgreich erbrachter Leistung und Anerkennung der Umwelt wandelten sie sich in Glücksgefühle und Zufriedenheit um. Diese energiegeladene Gefühlslage, die wir alle in Erinnerung an unser eigenes kindliches Spiel nachvollziehen können, ist also in kreativen Prozessen und kreativen Phasen wiederzufinden. Das bedeutet aber im Umkehrschluß, daß sich durch Kreativität diese Gefühlserlebnisse erreichen und unterstützen lassen und die Lebenszufriedenheit gesteigert werden kann. Offensichtlich scheinen das besondere Flow-Erlebnis und die damit verbundene freudig erwartungsvolle Spannung ein wichtiger Motor für Kreativität zu sein.

2.4 Schöpferisches Denken

Unter dem Begriff Denken verstehen wir jene Fähigkeit, Bedeutungen, Beziehungen und Zusammenhänge von Dingen, Personen und Situationen zu erfassen oder herzustellen.

Denken gilt als geistige Fähigkeit, die auch von Gefühlen begleitet ist. Damit hat Denken eine geistig-seelische Funktion, die dazu dient, sich in konkreten Lebenssituationen orientieren zu können, Informationen zu verarbeiten und Aufgaben zu erfüllen. Somit befaßt sich das Denken mit den konkreten Impulsen und Aufgaben, die sich aus den Situationen jedes einzelnen Tages des Lebens ergeben, und wird davon beeinflußt. Auch wenn wir uns im Denken anschaulicher Vorstellungen und Bilder bedienen, bleiben die Denkvorgänge selbst abstrakt, d. h. unanschaulich. Anschaulich werden zumeist die Ergebnisse des Denkens, wenn sie in Handlung oder Produkt umgesetzt und der Umwelt präsentiert werden. Beispielsweise bleiben die persönlichen Reflexionen über das eigene Leben so lange abstrakt, bis sie in ein Tagebuch niedergeschrieben, in einer Geschichte erzählt oder in einer sonstigen Form zum Ausdruck gebracht werden.

Entwicklung von Denkprozessen

Mit Denken wird versucht, Dinge, Situationen, Erlebnisse, Begegnungen und Lebenswelt sowie Phänomene aus Natur- und Geisteswissenschaft in Begriffe zu fassen und ihnen damit Bedeutung, Sinn und Zusammenhang zu geben. Denkprozesse laufen bewußt gewollt oder sich aufdrängend und begleitend ab. Mit sich aufdrängenden Denkprozessen meine ich jene Bilder und Gedanken, die sich entwickeln und z. B. das nächtliche Einschlafen durchaus verhindern können. Oder auch Gedanken, die hochkommen, aber an deren Inhalt man lieber nicht erinnert sein möchte, die man daher verdrängt. Denkvorgänge können organisiert werden oder unorganisiert chaotisch im Geist auftauchen. Der Mensch hat die Möglichkeit, sein Denken zu steuern und zu verändern, es zu koordinieren und zu konstruieren, seinen Denkprozessen Ziel und Richtung zu geben.

Aber der Mensch muß als Kind das Denken erst erlernen, denn es entwickelt sich mit der Wahrnehmung und der Entfaltung vielfältiger sozialer Kompetenzen sowie der Motorik und der Sprache. Die Entwicklung des Kindes ist ein vielschichtiger Prozeß, der sich aus verschiedenen Faktoren zusammensetzt. Zu diesen Faktoren gehört auch das Erlernen des Denkens. Das Entwicklungsgeschehen des Denkens vollzieht sich in Phasen, wobei eine grobe Unterteilung unterschiedlicher Entwicklungsebenen des Denkens wie folgt gemacht werden könnte:

– Als Grundstufe des Denkens läßt sich das konkret-anschauliche Denken bezeichnen, das sich auf die Erfassung von Dingen und Personen bezieht. (Eine Tasse steht auf dem Tisch und eine Frau sitzt am Tisch.)

– Als erweiterte Stufe des Denkens können wir das abstrakt-begriffliche Denken verstehen, das Zusammenhänge interpretiert und analysiert, die keinen anschaulichen Charakter haben. (Was ist Einsamkeit? Wie äußert sich Liebe? Wie gebe ich dem Leben Sinn?)

– Und schließlich können wir die auf dieses konkret-anschauliche und abstrakt-begriffliche Denken aufbauende Stufe des produktiven Denkens benennen, auf der die gewohnten Bahnen des Denkens verlassen werden und ein „Neudenken" geschieht.

Die Fragen, die sich aufdrängen sind: Wie kann Denken erweitert, entwickelt werden?

Wie geschieht dieses Neudenken? Und welches sind die Elemente des Denkens, die wir als Menschen in jeder Situation neu steuern und kombinieren?

Elemente des Denkens

Zu den Elementen des Denkens gehören Gedächtnis, Konzentration und Vorstellungskraft (vgl. Schraml, W. J., 1990, S. 170).

> Das Gedächtnis ermöglicht die Erinnerung an bestimmte Situationen und Menschen bzw. Erfahrungen und die Aufbewahrung dieser Wahrnehmungen. Gezielt können die gesammelten Informationen mit Hilfe des Gedächtnisses abgerufen werden. Das Gedächtnis hat eine Orientierungs- und Überlebensfunktion.

Gedächtnisleistung

Es ist z. B. notwendig, bekannte Personen wiedererkennen zu können, um sich in Situationen orientieren und sein Handeln strukturieren zu können. Beispielsweise kann es geschehen, daß man nach Jahren Personen wiedersieht, deren Gesichter einem bekannt vorkommen. Wir können sie aber nicht mehr den Zusammenhängen zuordnen, in denen wir ihnen begegnet sind und wissen ihren Namen nicht mehr. Eine solche Begebenheit ist jedem Menschen geläufig. Unsicherheit prägt die Situation. Wir wissen nicht, mit welchem Namen wir den anderen anreden sollen, geschweige denn ob mit „Du" oder „Sie". Vorsichtshalber sind wir dann freundlich und fragen mit leichten Entschuldigungsformeln nach, in welche Situation der ehemaligen Begegnung wir unser Gegenüber einordnen sollen. Zumeist stellt sich nach ein paar Worten sehr schnell die Detailerinnerung wieder ein, und wir sind erleichtert. An diesem kleinen alltäglichen Beispiel wird deutlich, wie unverzichtbar die Gedächtnisleistung für die Orientierung des Menschen im Alltag und die Identifizierung von Situationen, Dingen und Menschen ist. Darüber hinaus wären Lernen und der Erwerb neuer Kenntnisse ohne die Basis des Erinnerungsvermögens völlig ausgeschlossen. Die Gedächtnisleistung ist also eine gewisse Reproduktionsfähigkeit von Wahrnehmungen, wenn auch mit unterschiedlicher Qualität. So wird zwischen Kurz-, Mittel- und Langzeitgedächtnis unterschieden, wobei das Kurzzeitgedächtnis Informationen nur für sehr kurze Zeit speichert, das Mittelzeitgedächtnis zur Stabilisierung des im Kurzzeitgedächtnis Aufgenommenen dient und das Langzeitgedächtnis Informationen über mehrere Jahre speichert und reproduzieren kann. Emotionale Befindlichkeiten bewirken dabei manchmal die Dauerhaftigkeit der Erinnerung (vgl. Schraml, W. J., 1990).

Ein weiteres Element des Denkens ist die Konzentration. Mit jenem Begriff wird die Fähigkeit beschrieben, die Aufmerksamkeit bewußt und gezielt auf bestimmte Dinge, Situationen oder Inhalte zu lenken. Der Mensch bedient sich eines Steuerungssystems, welches in der Lage ist, Erinnerungen, Gedanken und Vorstellungen zu steuern, zielführend und sinnvoll zu kombinieren und Aufmerksamkeitsleistungen bewußt aufzubringen.

Aufmerksamkeit Die Aufmerksamkeitsleistungen von Kindern sind noch sehr schwankend und ablenkbar. Ein zweijähriges Kind, das sich den Kopf gestoßen hat, läßt sich noch recht schnell von seinem Schmerz ablenken, indem man es auf den Arm nimmt und vielleicht ein Bilderbuch aufschlägt. Mit diesem neuen Reiz der Betrachtung von Bildern ist die Aufmerksamkeit für den Schmerz sehr schnell abgelenkt und auf den neuen Reiz gerichtet. Je älter Kinder werden, umso weniger ist die Ablenkung möglich. Zunehmend kann die Aufmerksamkeit dauerhaft auf einen bestimmten Inhalt gerichtet werden und dabei bleiben.

Wir sind als Erwachsene bewußt und willentlich in der Lage, unsere Aufmerksamkeit auf einen Inhalt, eine Situation, eine Aufgabe zu fixieren und nicht nur, wenn es uns Freude macht, sondern auch zur Erfüllung bestimmter Aufgaben. Die Steuerung von Aufmerksamkeit kann durch eine innere Motivation wie das eigene Interesse oder die eigene Neugier für eine bestimmte Sache erfolgen. Sie ist die Basis der Konzentration. Eine bestimmte Auswahl des Wahrgenommenen wird getroffen und in vom Menschen gesteuerter Weise fixiert (vgl. Schraml, W. J., 1990). Konzentrationsfähigkeit und Aufmerksamkeitsleistungen gelten als Basis für den Erwerb kognitiver Lerninhalte.

Vorstellungskraft Die Vorstellungskraft ist ein weiteres Element des Denkens, das unverzichtbar für Handeln ist. Vorstellungskraft bedeutet, im Geiste Bilder von Menschen, Dingen oder Situationen produzieren zu können. Wenn ich formuliere, daß eine Banane ein bestimmtes Aussehen hat, dann kann ich im Geist das Bild einer Banane produzieren. Ebenso kann man aber auch Situationen im Denken produzieren, die man sich wünscht, erlebt hat oder verändert wissen will. Vorstellungen können die Reproduktion von bereits wahrgenommenen Personen, Gegenständen oder Ereignissen sein. Sie können darüber hinaus auch eine Kombination dieser Wahrnehmungen, die einmal gemacht wurden, darstellen und zu neuen Vorstellungen entwickeln. In beiden Möglichkeiten basieren die Vorstellungen auf irgendwann einmal wahrgenommenen Grundlagen.

Der Mensch kann auch Vorstellungen entwickeln über Phänomene, die jeder anschaulichen Grundlage und Erfahrungen entbehren, wie z. B. über ein Leben auf einem anderen Planeten im Weltraum oder Vorstellungen über ein Leben nach dem Tode.

Das Sich-Einstellen-Können eines Menschen auf neue Situationen ist aufgrund der Vorstellungskraft möglich. Dieses mittels Vorstellungskraft auf zukünftige Ereignisse und neue Situationen ausgerichtete Denken wird auch vorausschauendes Denken genannt. Bei der Führerscheinprüfung wird vorausschauendes Fahren erwartet, jene Fähigkeit, schwierige und gefährliche Situationen vorauszusehen und das eigene Fahrverhalten darauf abzustimmen.

Mit Hilfe der auf Zukunft ausgerichteten Vorstellungskraft können wir Risiken und Wirkungen gedanklich abschätzen und „vorentwerfen", um das gegenwärtige Handeln darauf abzustimmen und einzustellen.

Piaget unterschied zwei Grundprozesse der Anpassung an neue Situationen: die „Assimilation" und die „Akkomodation". Mit Assimilation bezeichnete er alle Versuche der Umweltbewältigung durch Anwendung von Denk- und Verhaltensweisen, welche sich früher schon einmal als erfolgreich erwiesen haben. Eine neue Situation wird also wie eine bereits bekannte behandelt. Ein gewisses Verhaltensmuster wird deutlich. Akkomodation hingegen bedeutet, die Anpassung an die jeweilige Situation, in dem neue Handlungsweisen zur Bewältigung der bestimmten Situation erprobt und entwickelt werden (vgl. Piaget, J., 1975).

Beziehen wir diese Unterscheidung in den Aspekt der Vorstellungskraft ein, so ist es jedem Menschen möglich, sein Handeln auf der Basis von Vorstellungen entweder in bereits erprobter Weise zu wiederholen, was ihm die Erinnerung ermöglicht, oder aber sein Handeln neu zu organisieren und auf die jeweils neue Situation einzustellen, was ein Denken über die Situation und eine Steuerung des Handelns durch Denken voraussetzt. Es ist also möglich, durch geistige Kombination neue Verhaltensweisen und Handlungsstrategien für eine bestimmte Situation zu entwerfen. Überlegte Voraussichten, die das Handeln steuern, sind möglich, ohne in der Situation selbst durch Versuchs- und Irrtumshandlung zu bestimmten Schlußfolgerungen zu gelangen.

Freud beschrieb Denken als inneres Probehandeln (vgl. Freud, S., 1941). Diese Formulierung zeigt deutlich, wie ein Mensch durch Denkoperationen Handlungsmöglichkeiten entwerfen kann, ohne den mühseligen Prozeß zu durchlaufen, bereits vertraute Handlungen in einer bestimmten Situation immer wieder mit mehr oder weniger Erfolg zu erproben oder neu zusammenzusetzen (Versuch-Irrtum-Verhalten).

Statt dessen bietet das Denken die Möglichkeit, Situationen zu analysieren, Ziele zu entwerfen und bestimmte Handlungsabläufe auf ihre mögliche Wirksamkeit und Angemessenheit hin zu überprüfen, um schließlich eine bestimmte ausgewählte und/oder durch gedankliche Kombination neu entworfene Handlungsstrategie auszuführen.

Aktivitäten des Denkens

Nachdem die Elemente des Denkens im letzten Abschnitt kurz dargestellt wurden, stellt sich die Frage, über welche Strategien der gedanklichen Kombination ein Mensch verfügt und welcher er sich bedienen kann, um zu Schlußfolgerungen zu gelangen.

Die Aktivitäten des Denkens lassen sich auf drei Ebenen beschreiben:
- die Ebene der Denkoperationen;
- die Ebene der Denkinhalte;
- die Ebene der Denkprodukte.

Guilford hat auf der Basis dieser drei Ebenen ein Strukturmodell des Denkens aufgebaut, das die einzelnen Ebenen wie folgt erklärt (vgl. Guilford, J. P. nach Landau, E., 1974).

Die erste genannte Ebene der Denkoperationen oder Denkvorgänge beinhaltet Kognition, Gedächtnis, divergentes und konvergentes Denken und Beurteilung.

Kognition   Unter Kognition werden alle Denk-, Wahrnehmungs- und Erkennt- nisvorgänge gefaßt, die zum Bewußtsein der Umwelt, des Erkennens von Personen, Objekten und Sachverhalten und Erwerb von Wissen gehören. Kognition ist also die Grundfähigkeit, aus Denkvorgängen Schlußfolgerungen zu ziehen, und dazu bedarf es der Wahrnehmung, des Entdeckens, des Wiederentdeckens und des Wiedererkennens von Inhalten, Zusammenhängen, Personen und Gegenständen.

Das Gedächtnis ist jener Informationsspeicher, der Erfahrungen, Erinnerungen, Erlebnisse und Eindrücke geistig-seelischer Art spei- chert und alle Inhalte des Bewußtseins behält. Divergentes und kon- vergentes Denken sind zwei verschiedene Wege, um zu logischen Schlußfolgerungen zu gelangen. Divergentes Denken meint jenes Vermögen, in verschiedene Richtungen denken zu können und nach verschiedenen Lösungsmöglichkeiten zu suchen, während das konvergente Denken zu einer einzigen Antwort führt.

Divergentes Denken   Um dies zu verdeutlichen, stellen wir uns vor, eine Reise nach Wien für ein Wochenende machen zu wollen. Bei divergenten Denk- vorgängen kann über folgende Möglichkeiten nachgedacht werden: Die Reise ist mit dem Auto, mit dem Zug, mit dem Flugzeug, mit einem Reisebus, per Anhalter oder durch eine Mitfahrgelegenheit möglich. Es gibt auch die Variante, einen Teil der Reise, beispiels- weise bis zum nächsten Flughafen, mit Auto oder Zug zu erledigen und dann das Flugzeug zu nehmen. Schließlich könnte man auch noch überlegen, nach Wien zu wandern. All diese verschiedenen ein- zelnen oder kombinierten Lösungsmöglichkeiten zueinander wären denkbar. Welche der Möglichkeiten als angemessen betrachtet wer- den, hängt von der Informationsfülle, von der finanziellen Situation, persönlichen Bedürfnissen und Einschätzungen und auch von dem Gefühl ab, welche Variante einem persönlich angenehm ist. Den- noch sehen wir, daß das divergente Denken eine Vielzahl von Lö- sungsmöglichkeiten entwirft, wobei diese Vielfalt noch weitere Kom- binationsmöglichkeiten aufdeckt. Allerdings ist die Entscheidung über eine Auswahl einer Lösungsmöglichkeit schwieriger, und es be- darf der Fähigkeit, eine „gute" Lösung von einer „schlechten" Lö- sung zu unterscheiden.

Konvergentes Denken   Beim konvergierenden Denken läßt sich folgender Lösungsansatz für die Organisation der Reise nach Wien vorstellen: Man geht zu einem Bahnhof und bucht ein Zug-Ticket nach Wien. Das Ergebnis ist eine herkömmliche Antwort auf eine Problemstellung. Die Lösung ist vorhanden. Die Frage ist nur, ob diese Lösung unter den Aspekten von Preis, Dauer der Reise, Annehmlichkeit und persönlichen Bedürfnissen eine optimale darstellt. Sicherlich kann konvergentes Denken zu optimalen Lösungen führen, da aber eine Verschiedenheit der Lösungswege bei konvergentem Denken nicht oder nur unzureichend entworfen und überlegt werden kann, liegt die Vermutung nahe, daß konvergentes Denken zur Erarbeitung von Lösungen eher einschränkend wirkt als das divergente Denken.

Beurteilung

Beurteilung ist ein weiterer Aspekt, der zu der ersten Ebene der Denkvorgänge gehört. Beurteilung ist die Fähigkeit, eine Entscheidung über die Qualität, Richtigkeit, Angemessenheit und Funktionalität dessen, was wir erdacht haben, fällen zu können und dementsprechend auszuwählen oder zu verändern.

An dem Beispiel der Organisation einer Reise nach Wien wird deutlich, daß ein bestimmtes Maß an Beurteilungskraft vorhanden sein muß, um sich für eine in Gedanken erarbeitete Lösung bewerten zu können, sich dafür zu entscheiden und sie dann umzusetzen. Bei den vielfältigen Ansätzen, die das divergierende Denken produziert, ist die Beurteilung des angemessenen Lösungsansatzes und die Entscheidung darüber selbstverständlich schwieriger und langwieriger, denn verschiedene Aspekte und Bewertungskriterien müssen abgewogen und miteinander verglichen werden. Die Beurteilung der Ergebnisse des konvergenten Denkens ist daher einseitiger, denn es gilt nur über diesen einen Ansatz zu entscheiden und ihn zu bewerten.

Denkinhalte

Als weitere Ebene der Aktivität des Denkens ist die Ebene der Denkinhalte zu betrachten. Die Fülle aller Denkinhalte läßt sich nach Guilford in figurale, symbolische, semantische und Verhaltens-Inhalte aufgliedern (vgl. Guilford, J. P., ebenda).

Mit figuralen Denkinhalten sind all jene Vorstellungen gemeint, die in unserem Geist aufgrund von Wahrnehmung als konkrete Bilder eines bestimmten Gegenstandes entstehen: seine Größe, seine Form, Farbe und Proportion. Wenn wir das Wort Haus denken, kann ein bestimmtes Bild von einem Haus beispielsweise mit zwei

Etagen, Flachdach und grauer Fassade vor unserem „inneren Auge" – wie man so schön formuliert – entstehen. Dies ist ein figuraler Denkinhalt. Die Inhalte des Denkens geschehen in Bildern und nicht in Worten oder Sätzen. Der symbolische Inhalt des Denkens bezieht sich auf Buchstaben, Ziffern oder andere Zeichensysteme, die innerhalb einer Gesellschaft als Informationsträger gelten.

An dem Beispiel des Hauses kann der symbolische Inhalt des Denkens mit der Repräsentanz des Objektes Haus durch die Buchstaben H-A-U-S erklärt werden. Das bedeutet, wir haben die Möglichkeit, in symbolischen Systemen von Dingen, Personen und Situationen zu denken. Wenn jemand eine Autoroute erklärt und darauf hinweist, daß eine bestimmte Straße eine Spielstraße ist und daher nur mit maximal 7 km/h befahren werden kann, dann kann im Geist des Zuhörers dieser Beschreibung das Verkehrssymbol für „Spielstraße" produziert werden, womit er sein Denken auf symbolische Zeichen ausrichtet.

Semantische Inhalte des Denkens beziehen sich auf die verschiedenen sprachlichen Bedeutungen und Vorstellungen eines Gegenstandes, einer Situation oder einer Person. Beispielsweise kann ein Mensch der schriftlichen, aus einem Zusammenhang herausgerissenen Information „Das Haus wird modern" auf zwei verschiedene Weisen Bedeutung verleihen. Die erste bedeutet, daß ein Haus modernisiert wird, die zweite, daß ein Haus bald dem Verfall unterliegen wird, denn es modert. An diesen Beispiel wird deutlich, daß unsere Denkinhalte, wenn sie sich auch an sprachlichen, für alle Menschen einer Kultur gleichen Wortformen orientieren, doch in unterschiedlichen Bedeutungen interpretiert werden können. Jugendliche betiteln eine Sache, die sie interessiert, fasziniert, begeistert, oftmals mit „geil". Die Denkinhalte der älteren Generation folgen bei dem Hören des Wortes „geil" oftmals aber anderen Bedeutungen als denen, die der betreffende Jugendliche bei der Anwendung des Wortes gemeint hat.

Als Verhaltensinhalte sind jene Inhalte des Denkens gemeint, die von Gefühlen und sozialen Einstellungen geprägt sind. Daniel Goleman nennt, beschreibt sie als „emotionale Intelligenz". Damit verdeutlicht er die Tatsache, daß Denkinhalte immer von Gefühlen, Meinungen, Einfühlungsvermögen und Empfindungen begleitet und/oder auch beeinflußt werden, was bedeutet, daß ein rein rationales Denken losgelöst von jeder seelischen Dimension nicht möglich ist (vgl. Goleman, 1996).

Denkprodukte Die dritte Ebene von Denkaktivitäten bezieht sich auf Denkprodukte. Guilford beschreibt folgende Denkprodukte (vgl. Guilford, J. P. nach Landau, E., 1974): Einheiten, Klassen, Beziehungen, Systeme, Transformationen, Implikation.

- Einheiten sind zu verstehen als ganzheitliche Wahrnehmungen, als Aufnahme von Informationen mit einer kompletten Struktur. Das bedeutet, wenn wir einen Apfel wahrnehmen, können wir ihn als Ganzes denken. Das Denken kann die gesamte Gestalt aufnehmen und als Produkt seiner Wahrnehmung verarbeiten. Es braucht die Gestalt des Apfels nicht erst aus einzelnen Teilen wie Rundform, grüne Schale und Fruchtansatz zusammenzusetzen. Das Bilden von Einheiten wird auch im Sprachbereich deutlich. Wir können ganze Worte denken, ohne daß wir in Gedanken die einzelnen Buchstaben zusammensetzen und verbinden müssen.
- Als Klassen sind Kategorien von Einheiten zu bezeichnen.
- Wir können aus dem Gedankenprodukt Kategorien beliebiger Art bilden, z. B.: kleiner und großer Apfel, Boskop oder Delicious, roter oder grüner Apfel. Beziehungen zu bilden bedeutet, den Zusammenhang zwischen den Einheiten und den Klassen zu bilden. Wir produzieren im Denken die Beziehungen zwischen Rotkohl, Grünkohl, Lauch und Spargel und definieren es als Gemüse, weil alle jene Pflanzensorten z. B. eßbar und angebaut werden und darüber hinaus gewisse biologische Gemeinsamkeiten haben, die wir als Gemüse bezeichnen.
- Mit System ist das Gesamtspektrum verschiedener Einheiten, das wir als Gesamtsystem ordnen können, gemeint. Beispielsweise finden wir auf Speisekarten im Restaurant häufig den Begriff „Vegetarisches". Darunter befinden sich alle Gerichte, die nur aus Gemüse und vielleicht Obst bzw. Getreideprodukten zusammengestellt sind. Auf jeden Fall fehlt immer Fleisch. Unser Denken ist also in der Lage, Systeme für übergeordnete Bedeutungsinhalte zu produzieren. Der Begriff „Vegetarisches" ist eine Systembezeichnung.
- Transformationen sind Denkprodukte, die umgewandelt werden können, wobei bestimmte, bereits erworbene Kenntnisse auf an-

dere Phänomene übertragen werden und neue Zusammenhänge erschlossen werden. Wenn jemand beispielsweise noch nie eine Papayafrucht gegessen hat und sie zum ersten Mal kostet, ohne daß ihm erklärt wird, um was es sich handelt, dann könnte er von Aussehen und Geschmack her auf die Idee kommen, daß es sich um eine Frucht und nicht um ein Gemüse handele. Das Produkt des Denkens ergibt sich also durch Umwandlung des bisherigen Denkens auf die neue Erfahrung, und damit wird das bisherige Denken erweitert und verändert.

■ Implikationen sind Voraussagen, die möglich sind, da die bisherigen Informationen ihre Wahrscheinlichkeit beinhalten. Wenn wir also wissen, daß eine Papaya eine Frucht darstellt, dann können wir voraussagen, daß diese Frucht, sofern sie nicht kühl gelagert wird, früher oder später zu faulen beginnen wird, ebenso wie alle anderen Früchte, die uns bekannt sind.

Denken und Fühlen

Ich habe nun versucht, das Strukturmodell des Denkens, das Guilford im Rahmen seiner Kreativitätsforschung entwickelt hat und das in dem Grundlagenbuch von Landau nur kurz dargestellt ist, anhand konkreter Beispiele plastischer darzustellen. Was daran sehr deutlich wird, ist, daß die Art unserer Denkvorgänge, Denkinhalte und Denkprodukte sehr stark mit Erfahrungen verbunden ist.

Eine Vielfalt von Erfahrungen, Wahrnehmungen und Informationen ermöglicht vielfältige Kombinationen und Übertragungsleistungen. Nicht nur das reine Wissen ermöglicht die Komplexität von Denkoperationen, sondern auch die alltägliche Erfahrung im Umgang mit den Anforderungen, Sachlagen, Gegenständen, Situationen und Personen der Lebensumwelt. Dewey hat formuliert, daß jede Erfahrung das Resultat von Interaktion zwischen dem lebendigen Geschöpf und einem bestimmten Aspekt der Welt, in der es lebt, darstellt. (Vgl. Dewey, J., 1988, S. 57)

Die Bedeutung der Gefühle Erfahrungen sind begleitet von Gefühlen. Wenn Denken und Erfahrung in Zusammenhang zueinander stehen, dann besteht auch ein

Zusammenhang und eine Beziehung zwischen Denken und Fühlen, zwischen Vernunft und Emotion, zwischen Verstand und Empfinden. Denken kann Fühlen und Empfinden beeinflussen. Dies wird besonders deutlich an der Methode des autogenen Trainings, entwickelt von Schultz. Das autogene Training ist eine Methode der Konzentration und Selbstentspannung, wobei durch bewußtes Lenken geistiger Inhalte Auswirkungen auf körperliche Befindlichkeiten erzielt werden. In diesem Training kann z. B. der wiederholte und mit dem Atemrhythmus abgestimmte Gedanke: „Meine Füße sind ganz warm" zur tatsächlichen Empfindung von zunehmend wärmeren Füßen führen.

Das Denken beeinflußt also nicht nur unsere Handlungen, sondern auch unsere körperlichen und seelischen Befindlichkeiten. Umgekehrt wird unser Denken von diesen ebenfalls beeinflußt.

Wir wissen, daß wir uns bei der Lösung beruflicher Aufgaben und den damit verbundenen Denkanforderungen oftmals blockiert fühlen, wenn private Probleme unseren Seelenzustand beeinträchtigen und negative Emotionen vorhanden sind.

„In dem Wechselspiel von Gefühl und Rationalität lenkt das emotionale Vermögen, mit der rationalen Seele Hand in Hand arbeitend, unsere momentanen Entscheidungen. Umgekehrt spielt das denkende Hirn eine leitende Rolle bei unseren Emotionen." (Goleman, D., 1996, S. 49)

Goleman, der sich mit dem Gebiet der emotionalen Intelligenz befaßt, macht damit deutlich, daß jegliches Denken auch von Gefühlen beeinflußt wird und umgekehrt. Damit wird deutlich, daß manche Denkergebnisse unter Umständen nicht umgesetzt werden, weil bestimmte Gefühlslagen oder gefühlsmäßige Einschätzungen dies verhindern. Goleman unterscheidet nicht zwischen Seele und Geist, sondern zwischen rationaler Seele und emotionaler Seele, um deutlich zu machen, daß es kein Denken ohne Fühlen und kein Fühlen ohne Denken gibt. Es ist beispielhaft vorstellbar, daß ein Mensch zwar das Angebot einer Versetzung in ein anderes berufliches Aufgabengebiet mit interessanteren inhaltlichen und finanziellen Perspektiven erwägt und alle rationalen Gründe für die Annahme sprechen, er das Angebot aber ablehnt, weil er sich im Kollegenteam des bisherigen Aufgabenbereiches so wohlfühlt, daß er sich nicht entschließt, sich davon zu verabschieden, um die neue Aufgabe zu übernehmen.

Denken und Handeln sind also beeinflußt von Bedingungen, die Goleman als emotionale Intelligenz beschreibt (vgl. Goleman, D., 1996). Wie sehr Fühlen und Denken bzw. Handeln miteinander verbunden sind, sehen wir besonders bei Kindern. Ein Kind, das den Trennungsschmerz von seiner Mutter oder seinem Vater noch nicht überwunden hat, wenn es die ersten Wochen im Kindergarten verbringt, ist nur wenig „ansprechbar". Das Kind nimmt zunächst keinen Kontakt zu anderen auf, will nicht spielen, ist wortkarg und zurückhaltend. Erst wenn es beginnt, seinen Schmerz zu überwinden, wenn es sich langsam wohlfühlt, wird es auch aktiver in seinen Verhaltensweisen.

Es ist oft zu beobachten, daß Kinder in der Anfangsphase sehr stark die Nähe einer bestimmten Erzieherin suchen. Dies ist meist jene Mitarbeiterin, die als erste das Kind von der Mutter in Empfang genommen hat, mit ihm gesprochen, es getröstet und etwas abgelenkt hat. Bevor ein Kind seinen Trennungsschmerz nicht überwunden hat, ist es nicht zu offenen und freien Aktivitäten in der Gruppe in der Lage. Auch bei Schulkindern läßt sich beobachten, wie sich belastende Emotionen direkt auf die schulischen Leistungen auswirken. Die Konzentrationsfähigkeit und Leistungsbereitschaft ist um so höher, je zufriedener und ausgeglichener ein Kind in seiner Gefühlswelt ist. Probleme, welcher Art auch immer, beeinflussen seinen Seelenzustand und wirken sich auf die kognitiven Leistungen aus.

Kinder brauchen dann die Erfahrung, daß sie mit erwachsenen Gesprächspartnern über ihre Gefühle sprechen können und ernstgenommen werden. Das vermittelt Rückhalt und Sicherheit. So lernen sie, ihre Emotionen zu erkennen, auszudrücken und zu steuern.

Dazu gehört das Erkennen der eigenen Emotion, der Umgang mit den eigenen Emotionen, die Umsetzung von Emotionen in Handlung, Emphatie als Einfühlungsvermögen in andere und der Umgang mit Beziehungen.

> Das Erkennen eigener Emotionen ist wichtig, um nicht in Denken und Handeln den Gefühlen ausgeliefert zu sein.

Verhaltensweisen, die aufgrund starker Gefühle unbewußt ausgelöst werden, können weder weiterentwickelt noch korrigiert werden, wenn nicht erkannt wird, welche Gefühle die entsprechenden Verhaltensweisen auslösen. Ist diese Erkenntnis vorhanden, kann man seine Gefühle handhaben lernen, d. h. ihre Energie in gewisser erwünschter Weise steuern und zwar so, daß sie angemessen sind. Zurückgehaltene Gefühle können bewußter zum Ausdruck gebracht werden, vehement und unkontrolliert ausbrechende Gefühle können eher gemäßigt, und Emotionen gezielt in Handlung und als Antriebskraft für produktive Handlungsweisen umgesetzt werden.

Die Emphatie als Teil der emotionalen Intelligenz bewirkt ein Sich-Einfühlen in die Befindlichkeiten anderer Menschen, wodurch man sein Verhalten auf die Gefühlssignale anderer einstellen kann. Und aus diesen Fähigkeiten der emotionalen Selbst- und Fremdwahrnehmung ergibt sich die Möglichkeit, Beziehungen zwischen Menschen und sich selbst und anderen Menschen klarer einschätzen und daher zufriedenstellender handhaben zu können.

Dieser kurze Zusammenschnitt der Bedeutung emotionaler Intelligenz macht deutlich, wie sehr Denken, Fühlen und Handeln miteinander verbunden sind und daß das Denken allein nicht ausreicht, um Handlung zu steuern und zu produzieren.

Denken und Einflüsse der Umwelt

Der Mensch ist ein Individuum, das in einer sozialen Umwelt aufwächst und lebt. Die Entwicklung individueller Fähigkeiten ohne die Impulse aus der Umwelt ist nicht möglich. Somit werden Denken, Handeln und Fühlen durch die Interaktion mit der Umwelt beeinflußt. Wenn Kinder die verschiedenen Denkweisen erst lernen und entwickeln müssen, so ist klar, daß in diesem Entwicklungsprozeß auch die Impulse der Umwelt eine Rolle spielen. Denkinhalte und

Denkvorgänge und damit auch die Denkprodukte sind mehr oder weniger vom sozialen Umfeld mitgeprägt. Zwar produziert jeder Mensch sein Denken selbst, aber in der Art und Weise, wie Denkinhalte aufgenommen, beurteilt und gewichtet werden, zeigt sich eine Einflußnahme des sozialen Umfeldes. Meinungsbildung geschieht auf der Basis von Denkprozessen, die äußere Annahmen zu inneren Annahmen in Beziehung setzen. So kann eine Meinung aus relativ vielen von außen aufgenommenen und übernommenen Denkergebnissen, gemixt mit wenigen eigenen Anteilen, gebildet werden oder umgekehrt. Im Idealfall stellen wir uns jedoch einen Meinungsbildungsprozeß so vor, daß viele Anteile eigener Denkinhalte und -ergebnisse zu einem eigenständigen Meinungsprodukt führen.

Die Meinungen anderer

Das Wissen anderer Menschen und ihre Meinung zu bestimmten Sachinhalten sind dennoch wichtig für das eigene Denken. Nicht in allen Bereichen sind wir in der Lage, alle Hintergrundinformationen zu sammeln und zu analysieren, um im Alltag zurechtzukommen. Beispielsweise benötigen wir nicht die detaillierte elektronische Fachkenntnis über Struktur und Aufbau eines Computers, um ein Textprogramm anwenden zu können. Auch machen wir keine umfangreiche betriebswissenschaftliche Marktrecherche, bevor wir einen Computer kaufen. Wir lassen uns beraten. In dieser Beratungssituation, in der das Wissen, die Kompetenz, die Meinung und persönliche Einschätzung sowie Empfehlung anderer Menschen abgerufen werden, befaßt sich das Denken mit den vermittelten und bereits bearbeiteten Informationen. Die Fülle der Informationen, die das Denken bearbeitet, kann um so unüberschaubarer werden, je komplexer und komplizierter die Informationen werden. Insofern bedeutet der Rückgriff auf das Wissen, die Erkenntnis und die Meinung anderer Menschen aus dem nahen oder weiten sozialen Umfeld eine gewisse Orientierungshilfe.

> Eigenes Denken entsteht, wenn übernommene Meinungen oder Inhalte skeptisch distanziert und kritisch reflektiert im Denken bearbeitet werden.

Obwohl Denken und Einstellungen von der Umwelt beeinflußt werden, bleibt doch die eigenständige skeptische Distanz und kritische Fragestellung als gewisse Korrekturinstanz zur Verhinderung der Übernahme aller Meinungsbilder möglich, auch wenn die Fakten durch mangelnde Kenntnisse im Detail nicht überprüft werden können.

„Denken ohne Kontext, quasi in einer neutralen Zone, gibt es nicht. Und das Ergebnis des Denkens ist dabei häufig eine Einstellung, eine Meinung zu einer Person oder Sache." (Pink, R., 1996, S. 25)

Korrektur von Vorurteilen

Die Fähigkeit, sich selbst und andere zu reflektieren, ist ein Denkvorgang, der eine wesentliche Korrekturfunktion hat. Er ermöglicht, einmal gewonnene Einsichten, Erkenntnisse und Meinungen neu zu überdenken und gegebenenfalls zu vertiefen, zu verändern oder ganz abzulegen. Die Impulse hierzu kommen einerseits aus dem eigenen Innern oder aus eigener Motivation, Neugier und Suche nach befriedigenden Einstellungen oder aus Impulsen des sozialen Umfeldes. So kann ein Mensch durch Übernahme von Meinungen aus der Gesellschaft und des eigenen sozialen Umfeldes beispielsweise äußerst ablehnend gegenüber Ausländern eingestellt sein. Eine Begegnung mit einem Ausländer, die von Sympathie und angenehmen Erlebnissen begleitet ist, kann die pauschale Einstellung und das persönliche Denken über Ausländer völlig verändern und sogar ins positive Gegenteil verkehren.

Die Übernahme von stereotypen Meinungen oder gar Vorurteilen behindert die Entfaltung von Kreativität. Wenn das Denken auch das Handeln steuert und mitbestimmt, dann ist durch die Übernahme vorgefaßter Meinungen das flexible Denken blockiert. Ohne kritische Reflexion der vorhandenen Annahme erfolgt kein „neues" Denken, werden neue Aspekte nicht entwickelt, man ist festgelegt auf die Grenzen der Vorurteile. Kreativität braucht aber flexibles Denken. Die Grenzen des eigenen Denkens können manchmal durch ungewöhnliche Erfahrungen durchbrochen werden. Man beginnt, über eine bestimmte Sache anders nachzudenken und dementsprechend auch anders damit umzugehen, weil sich die Sichtweise verändert hat. So können Einflüsse aus der Lebensumwelt das Denken verändern und damit auch flexiblere Einstellungen bewirken.

In bezug auf das Zusammenleben mit Ausländern können Kinder im täglichen Miteinander mit anderen ausländischen Kindern zu eigenen Erfahrungen und Erkenntnissen bezüglich fremder Kulturen gelangen. Sie haben die Möglichkeit, sich ein eigenes Bild zu machen, und können im direkten Umgang miteinander aus der Umwelt übernommene Meinungen überprüfen und korrigieren. Damit wird der Weg freigemacht für ein kreativeres und flexibleres Verhalten zueinander.

Denken unterliegt also sehr stark den Einflüssen der Lebensumwelt, nicht nur was die Denkinhalte, sondern auch was die Denkvorgänge betrifft, deren Vielseitigkeit oder Einseitigkeit erlernt werden kann. Sich bewußt zu sein, daß das eigene Denken von der Umwelt mitgeprägt und beeinflußt ist, bedeutet, sich in bestimmten Bereichen bewußt von jenen Einflußnahmen distanzieren zu können. Letztlich markiert die Fähigkeit Einstellungen und Meinungen immer wieder neu überprüfen, korrigieren, revidieren und verändern zu können das eigenständige Denken.

Schöpferisches Denken

Aus den Überlegungen der vorausgegangenen Abschnitte lassen sich mehrere Überlegungen zu dem Phänomen des schöpferischen Denkens anstellen. Schöpferisches Denken bedeutet flexible Beharrlichkeit. Nicht eine Denkweise oder Denkstrategie allein bewirkt das schöpferische Denken, sondern die Beweglichkeit im Denken. Verschiedene Denkvorgänge produzieren verschiedene Denkinhalte

Beweglichkeit im Denken

und Denkprodukte. Die Fähigkeit schöpferischen Denkens liegt darin, sich nicht vorschnell mit Lösungen als Denkprodukten zufriedenzustellen, sondern verschiedene Möglichkeiten, Ideen, Neukombinationen und Übertragungen auszutesten, gedanklich zu erproben und zu verändern. Das beinhaltet auch die Fähigkeit, verschiedene Denkstrategien, wie z. B. das divergente und konvergente Denken, je nach Situation unterschiedlich einzusetzen und zwischen diesen Denkweisen zu wechseln. Damit durchbricht schöpferisches Denken gewöhnliche und herkömmliche Denkformen. Es hebt die äußere und innere Zensur auf, die das Durchdenken verschiedener Möglichkeiten verhindert. Schöpferisches Denken überwindet die inneren Barrieren, die durch Gedanken wie „das funktioniert nicht",

„das kann ich nicht", „für dieses Problem gibt es keine Lösung" oder „mir fällt nichts ein" zum Ausdruck kommen. Beweglichkeit und Flexibilität im Denken bedeutet, Widersprüche aushalten zu können und beharrlich zu sein bei der Suche nach Möglichkeiten.

„Kreative Leistungen beruhen auf zielstrebiger Vertiefung." (Czikszentmihalyi, M. zitiert nach Goleman, D., 1996, S. 123)

Aber nicht nur die beharrliche Suche ist notwendig, sondern die neugierige Offenheit für neue Erfahrungen, Eindrücke, Kenntnisse und Wissen, da sich die Vielfalt der gedanklichen Kombinationen nur auf einer Vielfalt von Informationen aufbaut. Insofern setzt die Suche nach Möglichkeiten ein selbsttätiges Sammeln und Zusammenstellen oder Erweitern von Informationen voraus.

Aufmerksamkeit Schöpferisches Denken setzt Aufmerksamkeit für Emotionen voraus. Eigene Gefühle oder die Reaktion auf Gefühlslagen anderer Menschen können das Denken blockieren und fördern. Die Aufmerksamkeit für die eigenen Befindlichkeiten ermöglicht ein Bemerken der eigenen Denkblockaden durch bestimmte Gefühlslagen. Emotionen können daher eingesetzt werden, um die Energie für Denkleistungen zu erhöhen. Wir wissen aus eigener Erfahrung sehr gut, daß z. B. ein positiv entspanntes Verhältnis zu einer Lehrperson aus unserer Schulzeit uns auch zu Höchstleistungen beflügeln konnte. Umgekehrt kann die Wut darüber, in seiner Leistung nicht anerkannt zu werden, ebenso zu Höchstleistungen anspornen, die von niemandem mehr ignoriert werden können. Es kommt nicht auf die Art der Gefühle an, damit schöpferisches und produktives Denken freigesetzt wird, sondern auf die Art und Weise, wie ein Mensch bewußt in der Lage ist, seine Emotionen als Motivationsschub für produktives Denken zu nutzen.

Langeweile Man kann sich beispielsweise langweilen und das Gefühl der Langeweile mehr oder weniger frustriert hinnehmen und darauf warten, daß irgend etwas von außen Kommendes, eine Person oder Situation, die Langeweile durchbricht. Man kann aber die Langeweile auch bewußt als Gefühl wahrnehmen und in eine Antriebskraft für die Suche nach Beschäftigung umwandeln. Geschieht dies, ist ein produktiver Denkprozeß abgelaufen, der das eigene Verhalten aus der Langeweile heraussteuert und in Aktivität umwandelt.

Kinder kommen oft auf Erwachsene zu mit den Worten: „Ich habe Langeweile", oder: „Ich weiß nicht, was ich machen soll." Mit diesen Äußerungen wird ein Gefühl ausgedrückt, verbunden mit dem Appell, daß der Erwachsene helfen soll. Aus der Erfahrung heraus, daß Kinder, die sich langweilen, oft Unfug anstellen, machen Erwachsene recht schnell einen Beschäftigungsvorschlag, damit sich die Kinder nicht mehr langweilen. Doch ist das richtig und angemessen?

Das Gefühl von Langeweile kann ein wichtiger Impuls sein, selbst auf kreative Ideen und Gedanken zu kommen. Es stellt einen Schwebezustand dar, aus dem sich eine Antriebsenergie entwickeln kann, die zu Aktivität führt. Man sollte das Gefühl der Langeweile nicht zu negativ bewerten, sondern als ein schöpferisches Vakuum verstehen, aus dem sich produktives Denken und Handeln selbstbestimmt entwickeln kann.

In Kindertageseinrichtungen ist immer wieder zu beobachten, wie Kinder inaktiv in einer Ecke sitzen und nichts tun. Sie werden dann angesprochen, um zu erfragen, was mit ihnen los ist. Äußern Sie das Gefühl von Langeweile, versuchen die Erwachsenen oft, Vorschläge zur Beschäftigung zu machen. Dahinter steht der Wunsch, das Kind zufriedenzustellen. Anstatt aber Beschäftigungsanregungen zu geben, um das Gefühl von Langeweile zu vertreiben, könnte man auch mit dem Kind über dieses besondere Gefühl sprechen. Man könnte sich als Erwachsener mit dem Kind austauschen, wie sich Langeweile anfühlt, warum sie als unangenehm empfunden wird und daß es wichtig ist zu lernen, Langeweile ein wenig auszuhalten, damit sich daraus eine kreative Energie und Aktivität entwickeln kann. So lernen Kinder, sich mit sich selbst auseinanderzusetzen, eigene Energien und schöpferische Kräfte aus ihren Gefühlslagen zu entwickeln und sich nicht immer nur auf andere zu verlassen.

In einem Schulkinderhaus in Herford wurde in einer Gruppe eine „Langeweile-Ecke" eingerichtet. Mit den Kindern gemeinsam wurde sie zwar gemütlich ausgestattet, es befanden sich aber keine Spiel- und Lesematerialien in dieser Ecke. Mit den Kindern wurde besprochen, daß sie sich, wenn sie nichts mit sich und anderen anzufangen wüßten, in diese Ecke zurückziehen könnten, um einmal in Ruhe mit sich selbst ein wenig allein zu sein. Die Ecke wurde von den Kindern begeistert aufgenommen und genutzt. Das Gefühl von Langeweile wurde auf diese Weise mit positiven Möglichkeiten besetzt. In der Gruppe hatte diese Lösung die Wirkung, daß Kinder gezielter bestimmten Aktivitäten nachgingen, nachdem sie sich den Rückzug in der Ecke gegönnt hatten.

Angst Eine große Rolle im schöpferischen Denken scheint das Gefühl der Angst zu spielen. In Prüfungssituationen kann die Angst das gesamte Denken lahmlegen. Das Bewußtwerden von Angst als einer Emotion, die das Denken beeinflußt, erweitert die eigene Möglichkeit, mit dem Gefühl umzugehen zu lernen. Vorauseilende Befürchtungen allerdings können ein freies und flexibles Denken derart blockieren, daß sie nicht nur Reproduktionen von Wissen vermindern, geschweige denn, daß neue Denkansätze entwickelt werden.

Auf dieser Erkenntnis aufbauend, versuchen Goleman, Kaufmann und Ray in ihrem Buch „Kreativität entdecken" (1997) darauf aufmerksam zu machen, daß man sich der Angst stellen, sie erkennen und erspüren und trotzdem an dem Erreichen seines bestimmten Zieles festhalten, sich nicht von der Angst hindern lassen soll.

„Den Mut zu finden, sich seine Ängste einzugestehen, und trotzdem den nächsten Schritt zu tun, ist eine ganz wesentliche Voraussetzung für Kreativität auf allen Gebieten." (S. 52)

Schöpferisches Denken bedeutet produktives Denken. Es bedarf einer gewissen Beweglichkeit und Flexibilität und einer beharrlichen Suche nach Ideen und Möglichkeiten, wobei die verschiedenen Denkansätze und -wege erprobt und auch miteinander kombiniert werden. Die Aufmerksamkeit für Gefühle spielt eine wichtige Rolle für das schöpferische Denken. Aber dies allein reicht nicht aus. Gute Ideen, Problemlösungen und Gedanken bleiben im Bereich der Phantasie und sogar der Illusion, wenn sie nur im Geist stattfinden und keinerlei konkreten Bezug oder Auswirkung auf die Lebens-

Illusionen situation erhalten. Tagträume und illusorische Vorstellungen sind all jene Vorstellungen, die wir uns von Situationen des Alltags machen, wobei uns sehr genau bewußt ist, daß sie keinen Realitätsbezug haben. Wir können durchaus von einer Villa und einer Segeljacht im Mittelmeer träumen, und unsere Gedanken darüber, wie es wäre, wenn wir so etwas besitzen würden, mögen auch sehr vielseitig und kreativ sein. Dennoch handelt es sich nicht um schöpferisches Denken im Sinne von produktivem Denken, sondern um Tagträume und Illusionen. Wenn aber solche Vorstellungen von Dingen, die wir erreichen und erlangen wollen, nicht im Illusorischen haftenbleiben wollen, dann werden derartige „Träume" zur Antriebskraft und Motivation, um wenigstens gezielt den Versuch zu starten, sie auch zu verwirklichen. Diese Absicht, schöpferische Ideen, Möglichkeiten und Gedanken auch umzusetzen und zu verwirklichen – wenn vielleicht auch nicht sofort, sondern später – macht das produktive Denken aus. Es gibt einen Realitätsbezug, der das Ziel hat, die Produkte des schöpferischen Denkens zu verwirklichen. Im Alltag begegnen wir Menschen, die einen „Traum" haben. Vielleicht einen Traum von einem eigenen Haus, einer beruflichen Selbständigkeit oder den Traum, aus einem Hobby einen Broterwerb zu machen, um endlich vielleicht den weniger attraktiven, aber erlernten Beruf an den berühmten Nagel zu hängen. So hat vielleicht jeder Mensch seinen ganz persönlichen kleineren oder größeren Traum. Der Unterschied zwischen illusionärem und schöpferischem bzw. produktivem Denken liegt darin, ob der „Traum" gleichzeitig ein Ziel darstellt oder nur als realitätslose Vorstellung von unerfüllbaren Wünschen eingeordnet wird.

Realistische Ziele Das Problem liegt darin, daß sich keine Ziele auch nur annähernd verwirklichen lassen, wenn sie der Mensch selbst als nicht realisierbar ansieht und ihnen keine Chance einräumt. Das schöpferische Denken ist insoweit produktiv, daß es Visionen von Möglichkeiten entwickelt und ihnen die Chance und das Ziel gibt, sie auch zu verwirklichen. Produktives Denken bedeutet, in kleinen Schritten eine Umsetzung der Idee anzugehen und sich nicht durch Rückschläge allzu schnell von dem Ziel abbringen zu lassen. Sollten Zwischenergebnisse zeigen, daß das Ziel auf dem ursprünglich beschrittenen Weg nicht erreichbar ist, dann verändert das produktive Denken entweder die Lösungsstrategie und paßt sich den Erfordernissen an oder das Ziel wird verändert.

Stellen wir uns beispielsweise eine Frau vor, die als Erzieherin in einer Kindertageseinrichtung arbeitet. Ihr Traumberuf wäre es, als Heilpraktikerin eine eigene Praxis zu führen. Eigentlich war dies schon immer ihr Wunsch, aber bestimmte Umstände haben sie den Beruf der Erzieherin ergreifen lassen. Wenn dieser Traum zugleich auch angestrebtes Ziel ist und als realisierbar eingeschätzt und gewollt ist, dann wird schöpferisches und produktives Denken dazu führen, Informationen zu erhalten, wo und wie sie eine Qualifikation als Heilpraktikerin erlernen könnte, wie sie dies mit der aktuellen Anforderung im Beruf verbinden könnte, wenn sie nicht ihren Beruf aufgeben kann, wo und wie sie die finanzielle Unterstützung für die Fortbildung erhält und welche Prüfungen und sonstigen Bedingungen mit der Ausbildung für den neuen Beruf verbunden sind.

Eine Fülle von Einzelfragen tut sich auf, die wiederum neue Fragestellungen nach sich ziehen. Das produktive Denken vermeidet einen negativen Vorentwurf und läßt sich nicht durch vorauseilende Befürchtungen vom Ziel abbringen, wie z. B.: „Bei einem vollen Berufseinsatz schaffe ich es zeitlich nicht, parallel eine neue Qualifikation zu beginnen."

Solcherlei vorauseilende Befürchtungen setzen der Suche nach Lösungen oft ein jähes Ende, ehe überhaupt Detailwege gefunden werden könnten, die vielleicht doch noch eine Umsetzung des Ziels ermöglicht hätten. Solche Detaillösungen, wie z. B. die Reduzierung der Arbeitszeit, eine finanzielle Unterstützung von irgendeiner Seite oder das Finden eines Ausbildungsinstituts, das berufsbegleitend abends oder am Wochenende ausbildet, können entscheidende Mosaiksteine in dem Bild des zu verwirklichenden Traumes sein. Produktives Denken läßt also die Entscheidung darüber, ob etwas funktioniert oder nicht, so lange offen, bis in den jeweiligen Einzelschritten der Realisierungswege definitiv der Beweis erbracht wird, daß der erdachte Weg oder Lösungsansatz eben doch nicht zum Ziel führt.

Schöpferisches Denken als produktives Denken ist zielorientiert und beinhaltet die Absicht einer Umsetzung in Realität durch Handeln.

Die Umsetzung selbst mag vielleicht nicht in zeitlichem Zusammenhang mit der Entwicklung der Idee stehen, sondern vielleicht erst Jahre später erfolgen, aber sie ist fest beabsichtigt.

Selbstbild
Es wird deutlich, daß die Fähigkeit zu schöpferischem Denken als produktives Denken etwas mit der Einstellung des Menschen zu sich selbst, mit seinem Selbstbild und der Einschätzung seiner Kompetenzen, seinem Durchhaltevermögen und seinen Möglichkeiten zu tun hat bzw. mit der Einschätzung, inwieweit sich jemand in der Lage fühlt, seine Möglichkeiten zu erweitern. Der Glaube an die eigenen Möglichkeiten und an die eigene Kompetenz der Lösungsfindung ist wesentlicher Hintergrund des produktiven Denkens. Voraussetzung für produktives Denken ist die Selbstreflektion, jenes vertiefte Nachdenken über eigene Motivationen, Bestrebungen und Fähigkeiten, das deren Entwicklung erst ermöglicht. Selbstreflektion bedeutet aber auch die Fähigkeit, Einstellungen und Selbstentwürfe sowie Meinungen, die aus der Umwelt übernommen wurden, zu überprüfen, zu verändern und eventuell auch zu revidieren. Produktives Denken birgt nur dann die Chance, aus herkömmlichen Denkgewohnheiten auszubrechen und Grenzen des Denkens und Handelns zu öffnen, wenn die eigenen Einstellungen, Meinungen und Selbstbilder immer wieder in kritischer Distanz und Selbstreflektion überprüft werden und den Reaktionen der Umwelt mit derselben skeptisch-kritischen Distanz begegnet wird.

2.5 Kreative Persönlichkeit

Was sind die Eigenschaften einer kreativen Persönlichkeit?

Wenn man zehn verschiedenen Experten der Kreativitätsforschung diese Frage stellen würde, bekäme man wahrscheinlich zehn verschiedene Antworten, denn mit den kreativen Persönlichkeitsmerkmalen werden vielfältige Aspekte verbunden. Es gibt kein einheitliches Persönlichkeitsmerkmal, denn die Entwicklung einer kreativen Persönlichkeit unterliegt gewissen Bedingungen im Menschen selbst und äußeren Einflüssen.

Sinn und Zweck der Untersuchungen und Forschungen zu den Merkmalen und Fähigkeiten einer kreativen Persönlichkeit ist die

Annahme, daß ein Mensch gezielt zu kreativen Fähigkeiten hin gefördert werden kann, wenn deutlich ist, welches die Merkmale einer kreativen Persönlichkeit sind. Dennoch kommen die meisten Ansätze der Beschreibung einer kreativen Persönlichkeit zu der Erkenntnis, daß es sich um eine offene, flexible und komplexe Persönlichkeit handelt. Dies ist nun eine so allgemeine Formulierung, daß ich im folgenden einige Ansätze der Beschreibung der kreativen Persönlichkeit exemplarisch darstellen will.

Fähigkeiten und Merkmale

Der Pionier der Kreativitätsforschung J. P. Guilford, auf dessen Überlegungen auch in der aktuellen Diskussion oft Bezug genommen wird, hat folgende Fähigkeiten und Merkmale benannt, durch die sich eine kreative Persönlichkeit auszeichne (vgl. Guilford, J. P./ Hoeptner, R., 1992):

- Problemsensibilität als die Fähigkeit, Probleme erkennen und entdecken zu können sowie Gewohnheiten und herkömmliche Verhaltens- und Denkweisen hinterfragen zu können;
- Frustrationstoleranz als die Fähigkeit, Enttäuschungen und Mißverständnisse zu ertragen, ohne zu resignieren oder entmutigt zu werden;
- Flüssigkeit und Originalität als die Fähigkeit, auf spielerische Weise eine Fülle von ungewöhnlichen Einfällen, Ideen, Vorstellungen, Symbolen, Inhalten und Assoziationen zu einer Aufgabenstellung produzieren zu können;
- Flexibilität als die Fähigkeit, Denk- und Verhaltensweisen verändern zu können und Wissen bzw. Erfahrung, der jeweiligen Situation entsprechend, neu ordnen und organisieren zu können, d. h. Probleme von verschiedenen Seiten aus betrachten zu können;
- Beurteilungskraft als die Fähigkeit, die entwickelten Einfälle, Ideen und Verhaltensweisen zu überprüfen, nach Qualität und Angemessenheit zu unterscheiden und gegebenenfalls zu verändern;
- Durchdringung als die Fähigkeit, sich intensiv und unbeirrbar vertieft mit einer Aufgabe zu beschäftigen und nicht nur an der Oberfläche zu bleiben;
- Ausarbeitung als die Fähigkeit, von einem Konzept zu einem konkreten Plan der Verwirklichung übergehen zu können.

Guilford geht davon aus, daß jeder Mensch kreativ ist, daß aber sein Potential entwickelt werden muß bzw. aktiviert werden kann (vgl. Guilford, J. P./Hoeptner, R., 1992).

Auch der Psychologe Maslow betont, daß jeder Mensch ein kreatives Potential besitze und dies nicht nur den Genies und Künstlern vorbehalten sei, sondern jede gesunde Persönlichkeit über eine spezielle Art der Kreativität verfüge (vgl. Maslow, A., 1981).

Gardner stellt fest, daß Genies wie Freud und Einstein durch ihre kreativen Produkte die Welt nachhaltig beeinflußt haben. Er kommt aber zu der Überlegung, daß ihnen dies nicht gelungen wäre, hätten sie nicht über eine große Neugier und Leidenschaft für ihr Fachgebiet verfügt; gerade dies sind aber Eigenschaften, über die grundsätzlich jeder Mensch verfügen könnte. Gardner hat die Biographien berühmter Persönlichkeiten wie Freud, Einstein, Picasso und andere vergleichend untersucht und fand eine kindliche Neugier und Begeisterung für die Rätsel des Lebens als ihnen allen gemeinsam heraus (vgl. Gardner, H., 1997).

Die verschiedenen Fähigkeiten einer kreativen Persönlichkeit lassen die Schlußfolgerung zu, daß es sich dabei um einen Menschen mit einem hohen Maß an Ich-Stärke und Selbstbewußtsein handeln muß, der ein gewisses Maß an Unabhängigkeit besitzt und Konflikte ertragen sowie mit Spannungen und Widersprüchen leben kann, ohne den Schwierigkeiten aus dem Wege zu gehen oder sich kritiklos anzupassen. Die Neugier als Energie, die ein aktives Suchverhalten auslöst und sich nicht mit vorschnellen Lösungen zufriedenstellen läßt, scheint ein weiteres Charakteristikum zu sein. Außerdem ist bei einer kreativen Persönlichkeit ein deutlich hohes Maß an Aktivitäten im Denken und Handeln auszumachen (vgl. Preiser, S., 1976).

Individuelle Vielheit Csikszentmihalyi hat in seinem 1977 veröffentlichten Buch „Kreativität" Interviews mit ausgewählten ungewöhnlichen Persönlichkeiten durchgeführt, um herauszufinden, was kreative Persönlichkeiten auszeichnet und welche äußeren Bedingungen Kreativität fördern oder hemmen. Dabei wird deutlich, daß es nicht *den* Persönlichkeitstyp gibt, bei dem ein hohes Maß an Kreativität am wahrscheinlichsten ist.

„Kreative Menschen verfügen über die erstaunliche Fähigkeit, sich fast jeder Situation anzupassen und sich mit dem zu behelfen, was gerade zur Verfügung steht, um ihre Ziele zu erreichen. Dies ist wahrscheinlich das einzige, wodurch sie sich von normalen Sterblichen unterscheiden." (Csikszentmihalyi, M., 1997, S. 80)

Auch er betont Neugier, Staunen und Interesse als Basismotivation und Antriebskraft für Kreativität und beschreibt die Kompetenz einer komplexen Persönlichkeit wie folgt:

„Eine komplexe Persönlichkeit ist in der Lage, die volle Bandbreite von Eigenschaften zum Ausdruck zu bringen, die als Möglichkeit im menschlichen Repertoire vorhanden sind, aber in der Regel verkümmern, weil wir den einen oder anderen Pol für ‚gut' bzw. ‚schlecht' halten." (Csikszentmihalyi, M., 1997, S. 88)

Csikszentmihalyi beschreibt die Bandbreite der gegensätzlichen Eigenschaften, die in ihrer Persönlichkeit miteinander zu verbinden kreative Menschen in der Lage sind:
- psychische Energie und Entspannung;
- Klugheit und Naivität;
- Disziplin und Spielerisches;
- Phantasie und Realitätssinn;
- Extraversion und Introversion;
- Demut und Stolz;
- „männliches" und „weibliches" Rollenverhalten;
- konservativ und rebellisch;
- Leidenschaft und Objektivität;
- Intensität von Leiden und Freude (vgl. Csikszentmihalyi, M., 1997).

Diese von ihm dargestellten Eigenschaften sind gegensätzlich. Aber genau damit will er den allgemeinen Begriff von der Komplexität des kreativen Menschen präzisieren und mit Inhalt füllen. Es wird deutlich, daß es die Komplexität einer Persönlichkeit ausmacht, Widersprüche in sich vereinen zu können.

„Kreative Personen vereinen widersprüchliche Extreme in sich – sie bilden keine individuelle Einheit, sondern eine individuelle Vielheit." (Csikszentmihalyi, M., 1997, S. 88)

Zusammenfassend bleibt nun zu bemerken, daß es sich bei der kreativen Persönlichkeit um eine sehr komplexe Persönlichkeit handeln muß, wobei der Begriff komplex mit detaillierten Eigenschaften näher beschrieben werden kann. Aber es ist nicht möglich, einen einheitlichen Persönlichkeitstypus des kreativen Menschen festzulegen. Dennoch zeichnen die Beschreibungen der Eigenschaften einer kreativen Persönlichkeit ein bestimmtes Bild.

Alle dargestellten Ansätze gehen davon aus, daß ein Grundpotential der Kreativität bei jedem Menschen vorhanden ist, das entweder entfaltet wird oder auch verkümmern kann. Wie entwickelt sich aber eine Persönlichkeit, und welches sind die förderlichen und hemmenden bzw. generell beeinflussenden Faktoren der kreativen Persönlichkeitsentwicklung?

Dazu sollen zunächst einmal die Bedingungen für die Persönlichkeitsentwicklung eines Menschen betrachtet werden.

Persönlichkeits-entwicklung

Das Thema der Persönlichkeitsentwicklung ist komplex. Zunächst soll erörtert werden, was man unter Persönlichkeit versteht. Auch bei diesem Begriff gibt es in der Psychologie höchst unterschiedliche Definitionen. Es ist nicht möglich und für die Thematik auch nicht notwendig, alle Erklärungsansätze hier darzustellen. Wichtig für die Themenstellung ist aber die Unterscheidung in zwei Gruppen von Ansätzen zur Beschreibung der Persönlichkeitsentwicklung.

Die eine Gruppe der Ansätze zur Persönlichkeitsentwicklung (trait-orientierte Konzeption von Persönlichkeit) geht von einigermaßen konstanten Eigenschaften einer Person aus, die sich in bestimmten Verhaltensweisen ausdrücken und im Laufe eines Lebens vermehren oder verringern können. Das bedeutet, daß, grob formuliert, die Persönlichkeit eines Menschen das Spektrum seiner Eigenschaften darstellt (vgl. Olbrich, E., 1990). Die Kritik an dieser Grundannahme liegt darin, daß sich Eigenschaften eines Menschen über den Zeitraum eines Lebens durchaus verändern und die verschiedenartigen Situationen und Einflüsse der Umwelt dazu führen können, daß neue Eigenschaften erworben, andere Eigenschaften abgelegt und wieder andere Eigenschaften – wie schon gesagt – verändert werden.

Die zweite Gruppe der Ansätze zur Persönlichkeitsentwicklung hat eine prozeß-orientierte Konzeption. Diese geht davon aus, daß Persönlichkeit eine dynamische Organisation des einzelnen Menschen ist, die sich durch dessen Anpassung an seine jeweilige Umgebung bestimmt und ein Gefüge seiner individuellen Eigenschaften, Denk-, Empfindungs- und Verhaltensweisen ausmacht (vgl. Olbrich, E., 1990).

Es wird deutlich, daß durch das Interaktionsgefüge zwischen dem einzelnen Menschen und seiner Umwelt die Entwicklung der Persönlichkeit kein statischer Entwurf eines Menschen, sondern ein komplexes, lebenslang ablaufendes Geschehen ist, in dem sich ein immer wieder neues und verändertes Bild von Individualität entwickelt. In der besonderen Situation des Menschen, welcher zugleich unverwechselbares Individuum und in ein Umfeld eingebettetes Sozialwesen ist, bedeutet daher die Persönlichkeitsentwicklung eine individuelle und soziale Aufgabe zugleich. Es gilt in der Auseinandersetzung mit der Lebensumwelt, persönliche Kompetenzen zu erwerben und zugleich den Anforderungen an die Normen und Werte einer Gesellschaft zu entsprechen.

Anpassung und Individualität

> Die Persönlichkeitsentwicklung ist damit ein aktiver Prozeß der Anpassung an die jeweiligen situativen Bedingungen des Lebens und zugleich die Ausprägung eines unverwechselbar eigenen Profils und Selbstbildes, was trotz aller flexiblen Anpassung und Annäherung den einzelnen Menschen von anderen unterscheidet.

Die Persönlichkeit des Menschen ist also das Ich, das sich in der Auseinandersetzung mit der äußeren Welt aufbaut, entwickelt und stets verändert. Persönlichkeitsentwicklung geschieht nicht erst im Erwachsenenalter, sondern beginnt vom Tag der Geburt an unter dem Einfluß der sozialen Beziehung und der Erziehung in Familie und in Bildungssituationen wie Kindergarten und Schule. Aus diesem Grunde läßt sich feststellen, daß die Entwicklung der kreativen Persönlichkeit ebenso wie die allgemeine Persönlichkeitsentwicklung beeinflußt werden durch förderliche oder blockierende Faktoren aus dem Lebensumfeld des heranwachsenden Menschen. Menschliche Entwicklung ist zwar ein lebenslanger Prozeß der Sozialisation, in dem die Übernahme und Verinnerlichung von Verhaltensweisen, Haltungen, Gesinnungen, Wertvorstellungen und Leistungen vollzogen wird, aber dieser Prozeß beginnt eben schon in der frühen Kindheit (vgl. Oerter, 1975).

Somit läßt sich behaupten, daß die Entwicklung der kreativen Persönlichkeit durch geeignete erzieherische Einflußnahme und förderliche Situationen vom Kindesalter an unterstützt und begünstigt werden kann. Die Art und Weise, wie die Entwicklung einer kreativen Persönlichkeit unterstützt werden kann, ist Aufgabe der Kreativitätserziehung und soll in den folgenden Kapiteln näher beschrieben werden. Auf der Basis der Annahme, daß es förderliche und blockierende Faktoren für die Entwicklung der Kreativität gibt, läßt sich die logische Konsequenz ziehen, daß durch geeignete erzieherische Handlungsweisen die blockierenden Faktoren möglichst weitgehend vermieden und die förderlichen Faktoren unterstützt und vermehrt werden sollten. Das setzt die Kenntnis der Faktoren voraus, die eine möglicherweise blockierende oder förderliche Wirkung auf die Entwicklung der kreativen Persönlichkeit ausüben könnten. Dies wird Thema des nächsten Kapitels sein.

3 Förderliche und blockierende Faktoren der Entfaltung von Kreativität bei Kindern

Wie im Kapitel zuvor beschrieben, entwickelt sich die Persönlichkeit eines Menschen in der Auseinandersetzung mit seinem Lebensumfeld. Dieses besteht aus Menschen, Situationen, Institutionen und Handlungsräumen. Erziehung ist eine Form der Einwirkung der Erwachsenengeneration auf die Kinder und Jugendlichen einer Gesellschaft. Erziehungsstile sind die verschiedenen Formen erzieherischen Handelns. Ziel der Erziehung ist es, die heranwachsenden Kinder und Jugendlichen zu befähigen, in einer bestimmten Gesellschaft leben und handeln zu können. Erziehung repräsentiert also immer die Erwartung der jeweiligen Gesellschaft und vermittelt ihre Werte und Normen. Erziehungsprozesse geschehen intentional, mit Absicht also, zur Erreichung eines bestimmten Ziels unter Einsatz bewußter Wege. Mit bestimmten Erziehungsstilen und -mitteln sollen bestimmte Verhaltensweisen und Einstellungen von Kindern erreicht werden. Erziehungsprozesse geschehen aber auch funktional, was bedeutet, daß die menschliche Entwicklung auch unabsichtlich beeinflußt wird durch beobachtete Verhaltensweisen und Motivationen der Menschen aus dem Lebensumfeld. Kinder und Jugendliche nehmen solche Verhaltensweisen auf und integrieren sie in ihre Persönlichkeit, ahmen sie nach oder lehnen sie ab. Erziehung geschieht also in einem Spannungsfeld des Kindes zwischen bewußten und direkten erzieherischen Einwirkungsformen und unbewußten indirekten Einwirkungen, die sich einfach aus dem zwischenmenschlichen Zusammenleben ergeben (vgl. Schraml, 1990).

Alle Einflüsse aus dem engeren und weiteren Lebensumfeld des Kindes, die Auswirkungen auf die kindliche Entwicklung haben, werden daher auch Sozialisationseinflüsse genannt. Diese Einflüsse auf die Entwicklung eines Kindes lassen sich nicht immer steuern, weil sie sich dem professionellen erzieherischen Handeln entziehen.

Spannungsfeld der Erziehung

In Bildungs- und Erziehungsinstitutionen aber, in denen professionell erzieherisch tätige Personen mit der Bildung und Erziehung von Kindern und Jugendlichen befaßt sind, müssen Erziehungsziele und -stile sowie die geeigneten Erziehungsmittel immer wieder neu überprüft und bedacht bzw. verändert und den jeweiligen Bedürfnissen eines Kindes, gemäß seines Entwicklungsstandes, angepaßt werden. In diesen Erziehungsprozessen ist es im Rahmen der Kreativitätserziehung wichtig zu wissen, welche Faktoren die Entfaltung von Kreativität blockieren oder fördern, um entsprechend das erzieherische Handeln auszurichten.

Erziehung geschieht immer in einer bestimmten Situation. Diese setzt sich zusammen aus Menschen und ihrem Verhalten, aus einer bestimmten räumlichen Umgebung, aus Gegenständen und Materialien, die in der jeweiligen Situation vorhanden sind, und aus dem Beziehungsgefüge zwischen den handelnden Menschen in der Situation. Das Kind steht im Mittelpunkt dieser Situation. Die Entfaltung seiner Handlungs- und Verhaltensweisen vollzieht sich zwischen sinnlichem Bemerken, fühlendem Bewerten und bewußtem oder unbewußtem Reagieren (vgl. Roth, H., S. 376).

> Handeln wird also durch erzieherische Situationen beeinflußt. Da Denken und Handeln miteinander in Verbindung stehen, bewirkt ein verändertes Denken auch ein verändertes Handeln und umgekehrt.

Die Impulse für solche Veränderungen von Verhalten bzw. solche Lernprozesse werden durch die erzieherische Situation ausgelöst, und hier kann es förderliche und/oder blockierende Faktoren im Bereich aller Lernprozesse geben, auch im Bereich der Entfaltung von Kreativität.

„Um Handlungen … leisten zu können, muß der Mensch … sowohl mit Antrieben zur Welt hin ausgestattet sein als auch mit Organen, die Welt in sich aufzunehmen und abzubilden. Er muß die Fähigkeit haben, seine inneren Antriebe ebenso wie die Reize der Welt in bezug auf seine Lebensziele zu bewerten. Er muß schließlich auf sich und die Welt wirken, zwischen verschiedenen Möglichkeiten sich entscheiden und aus seinen Erfahrungen lernen können." (Roth, H., S. 389)

Diese Fähigkeiten entfaltet ein Mensch im Laufe seiner Entwicklung. Die Unterstützung der Entfaltung dieser Fähigkeiten ist Erziehung. Ihr Ziel ist es, die Entwicklung des Ich zu begleiten und zu unterstützen.

„Das Ich verwirklicht sich in Akten des Denkens, Wertens, Wollens und Handelns." (Roth, H., S. 371)

Aus dieser Formulierung läßt sich deutlich entnehmen, daß die Entfaltung der eigenen Persönlichkeit ein Prozeß ist. Bringen wir nun den Aspekt des Prozeßhaften der Persönlichkeitsentwicklung in Verbindung mit den Erkenntnissen der Kreativitätsforschung, die Kreativität in die drei Dimensionen des kreativen Prozesses, des kreativen Produktes und der kreativen Persönlichkeit aufgliedert, so wird deutlich, daß der kreative Prozeß das zentrale Element ist, aus dem ein Mensch seine Erfahrungen und Erkenntnisse gewinnen kann, in dem er Denken, Werten, Wollen und Handeln verwirklichen kann.

> Die zentralen Ansatzpunkte zur Entwicklung einer kreativen Persönlichkeit liegen also in den gelungenen kreativen Prozessen, in denen komplexe Gefühls-, Denk- und Handlungselemente so miteinander verbunden sind, daß sie eine Fülle von Lernerfahrungen und Erfolgserlebnisse für den einzelnen Menschen bereithalten. Der kreative Prozeß ist die Dimension der Entwicklung einer kreativen Persönlichkeit, die schließlich auch kreative Leistungen hervorbringt.

In der Bereitstellung bzw. Behinderung kreativer Prozesse liegen die förderlichen und blockierenden Faktoren der Entwicklung von Kreativität. Kreative Prozesse geschehen in bestimmten Situationen, zu denen räumliche Bedingungen, zwischenmenschliche Einflußnahmen und die Auseinandersetzung mit Gegenständen und Material gehören.

In den drei Aspekten Menschen, Raum und Material verbergen sich die förderlichen und blockierenden Faktoren für Kreativität. **Sinnliche Anreize** Also muß die erzieherische Situation so gestaltet werden, daß sie die für Kreativität optimalen Bedingungen bietet, das bedeutet, sie muß Anreize für Experimentierverhalten geben. Die Aspekte der

Selbstverwirklichung von Denken, Werten, Wollen und Handeln müssen erprobt werden können. Sinnliche Anreize und Wahrnehmungen sind Anlässe für das Denken, was wiederum die Wahrnehmung ordnet und in die Gesamtheit der Erfahrungen integriert. Vielfältige Sinnesanreize stellen also Impulse für Denkprozesse dar, durch die Kinder sich die Wirklichkeit aneignen und erschließen. Wahrnehmungen und Erfahrungen werden in Handlung umgesetzt, erprobt und gewertet. Wahrnehmen, Denken und Handeln sind von Gefühlsprozessen begleitet, die als Antriebskräfte bzw. Motivation für weitere Erfahrungen und Handlungen dienen.

In Erziehungsprozessen wird allzu häufig auf die Beurteilung von Ideen und Verhaltensweisen Wert gelegt, der kreative Schaffungsprozeß findet dabei wenig Beachtung. Aber gerade die Begleitung, Unterstützung und Förderung des kreativen Schaffensprozesses bewirkt eine Bereitschaft für kreatives Denken und Handeln, da die positive soziale Resonanz ein Gefühl von Befriedigung auslöst, die wiederum den Motor für weitere kreative Prozesse darstellt.

In der Kreativitätsforschung wurden folgende blockierende Faktoren der Kreativität benannt:
- Geschlechtsrollenfixierung;
- Autoritätsfurcht;
- Informationsmangel;
- Konformitätsdruck;
- Leistungsdruck;
- Entscheidungsfreiheit;
- Belohnungs- und Strafstrategien;
- Überwachung (vgl. Beer, U./Erl, W., 1974 und Amabile, Th., 1996).

Rollenklischees   ■ Geschlechtsrollenfixierung wirkt sich dann blockierend auf die Kreativität aus, wenn männliche oder weibliche klischeehafte Rollenvorstellungen das experimentelle Verhalten verhindern, weil es nicht dem vorgegebenen Rollenbild entspricht.

Beispielsweise finden wir bei Mädchen, die ein sogenanntes weibliches Schönheits- und Sauberkeitsideal sehr stark verinnerlicht haben, eine gewisse Ablehnung von Tätigkeiten, die „schmutzig" sind. Im Umgang mit Gestaltungsmaterialien wie Ton, Kleister, Fingerfarben und Gips üben sie Zurückhaltung, um sich selbst nicht schmutzig zu machen, und verhindern sinnliche Erfahrungen, die wichtig für erweiterte Kenntnisse im Umgang mit verschiedenen Materialien sind. Ähnliche Zurückhaltung ist beim Werkzeuggebrauch zu beobachten. Ein Mädchen, das aufgrund weiblicher Rollenklischees wenig Übung im Umgang mit Werkzeugen aller Art hat, wird auch kaum geneigt sein zu versuchen, sein Fahrrad selbst zu reparieren, womit es es gar nicht erst auf den Versuch ankommen läßt, sich auf einen kreativen Lösungsprozeß einzulassen. Ähnliches gilt für männliche Rollenfixierungen, bei denen Jungen Hemmungen entfalten, eigene Kleidung durch Nähen zu reparieren oder sich selbst Nahrung zuzubereiten. Diese Hemmungen, als typisch „männlich" oder typisch „weiblich" angesehene Verhaltensweisen zu erproben, bewirken, daß Kinder in den entsprechenden Problemsituationen nicht nur zu keinen eigenen Lösungen kommen können, sondern daß sie diese Problemlösungsmöglichkeiten möglicherweise nicht einmal angehen und erproben. Das Mädchen bittet also den Vater oder Bruder, das Fahrrad zu reparieren, während der Junge Mutter oder Schwester bittet, ein Essen zuzubereiten, oder darauf wartet, daß dies geschieht. Das ist zwar auch eine Lösung, aber keine neue und schöpferische.

> Geschlechtsrollenfixierungen verhindern den experimentellen Umgang mit Verhaltensweisen, die als eindeutig dem jeweils anderen Geschlecht zugehörig angesehen werden. Damit werden wichtige kreative Prozesse erst gar nicht erfahren.

Angst vor Ablehnung

■ Autoritätsfurcht wirkt sich blockierend auf die Entwicklung der Kreativität aus, wenn sie begleitet ist von Angst vor Strafe, Angst vor Versagen und Angst vor Fehlern. In kreativen Prozessen gibt es keine Fehler und kein Verhalten, das als richtig oder falsch bezeichnet werden könnte. Es gibt nur Experimentierverhalten, dessen Ergebnisse und Erkenntnisse funktionieren oder nicht funktionieren. Autoritätsfurcht beschreibt die Angst vor einer Macht, von der unangenehme Reaktionen zu befürchten sind. Sie führt dazu, ein bestimmtes Verhalten zu zeigen, von dem man annimmt, daß es akzeptiert wird. Dadurch will man negative und unangenehme Konsequenzen vermeiden bzw. sich selbst schützen. Angepaßtes Verhalten um jeden Preis drängt die eigenen Impulse und Ideen zurück.

Wenn Kinder beispielsweise Bilder malen, deren Stil, Farbgebung und Thema permanent von Erwachsenen abgelehnt wird, werden sie beginnen, zunehmend Bilder zu malen, von denen sie glauben, daß die Erwachsenen sie akzeptieren und nicht ablehnen. Kinder können die ständige Ablehnung ihrer kreativen Produkte nicht gut aushalten, da sie Akzeptanz, Zuwendung und Zuneigung brauchen. Die Autorität des Erwachsenen entscheidet aber über „richtig" und „falsch", „gut" und „böse". Und so kann die Furcht vor einem vernichtenden Urteil der Autorität des Erwachsenen die Impulse für kreative Schaffensprozesse unterdrücken. Ähnliches gilt beispielsweise auch für den Wunsch der Kinder, ihre eigene Kleidung selbst zu kombinieren. Wenn Kinder umgezogen werden, weil Eltern die von ihren Kindern ausgewählte Kleidung nicht gefällt, dann wird das kreative Experiment im Umgang mit Kombinationen von Kleidungsstücken und ihren Farben im Keim erstickt.

Was für Kinder gilt, gilt auch für Erwachsene. Wer würde schon einen Vorschlag zur Verbesserung von Arbeitsabläufen im Berufsleben unterbreiten, wenn er zu befürchten hätte, daß diese Verbesserungsvorschläge nicht nur nicht angehört, sondern vielleicht sogar der Lächerlichkeit preisgegeben würden?

> Autoritätsfurcht ist also die Furcht vor einer Machtausübung, die sich auf den einzelnen Menschen so auswirken kann, daß er Ohnmacht oder Lähmung empfindet, sich gegen die Machtausübung zu wehren oder zu schützen. Also wird er versuchen, im vorhinein möglichen negativen Folgen vorzubeugen, was wiederum den Ideenreichtum im Denken und die Experimentierfreude im Handeln einschränkt.

Informations-mangel

■ Informationsmangel wirkt sich hemmend auf die Kreativität aus, weil die Unkenntnis bestimmter Sachlagen die Kombinationsmöglichkeiten für neue Ideen und Handlungen einschränkt. Wenn Kinder keine Informationen darüber haben, wo sich beispielsweise Gestaltungsmaterial wie Papier, Stifte, Farben, Klebstoffe und sonstige

Materialien befinden, weil diese Dinge in Schränken uneinsehbar und unzugänglich aufbewahrt sind, haben sie einen Informationsmangel über Gestaltungsmaterial, und die kreativen Impulse können nicht in Handlung umgesetzt werden.

Gleiches gilt für sämtliche Alltagsabläufe im Berufs- und Privatleben. Gibt es im beruflichen Bereich nur mangelnde Informationen über ein Sachgebiet, lassen sich auch nur eingeschränkte Ergebnisse entwickeln. Gibt es im Privatbereich nur mangelnde Informationen über das Angebot an Kinderbetreuung in einer Kommune, läßt sich auch nur eingeschränkt eine Wahl treffen. Sicherlich ist es Aufgabe des einzelnen Menschen, sich möglichst viele Informationen zu beschaffen und zu erschließen, dennoch liegt es manchmal auch am Umfeld, ob Informationen erschlossen werden können. Dies gilt besonders für die Situation von Kindern. Äußerungen auf Fragen wie „Das kannst du noch nicht verstehen" oder „Wenn du älter bist, erkläre ich dir das" sind Äußerungen, mit denen ein Kind abgespeist und beschwichtigt wird, weil ihm bestimmte Informationen, aus welchen Gründen auch immer, vorenthalten werden. „Das kannst du noch nicht", „Dafür bist du noch zu klein", „Das geht dich nichts an" sind ebenfalls Äußerungen, die das Informationsbedürfnis und den Erfahrungsdrang eines Kindes unterdrücken.

> Die Blockade von Neugier und Wissensdurst führt zu eingeschränkten Informationen und damit auch zur Einschränkung von Denkprozessen.

Konformität ■ Der Konformitätsdruck ist ein Kreativitätskiller, von dem auch Kinder stark betroffen sind. Äußerungen wie „Das macht man eben so" oder „Das macht man nicht" sind Äußerungen, die keinerlei Begründungen für ein erwünschtes oder unerwünschtes Verhalten bieten. Sie geben nur Anweisungen, wie „man" sich zu verhalten hat, weil es alle anderen angeblich auch so tun. Wir waschen uns die Hände, weil man es macht. Wir bleiben bei Tisch sitzen, weil alle es machen. Wir schneiden alle einen Schneemann aus und beteiligen uns, weil man es macht. Wir gehen alle nach draußen, und wir ziehen als Jungen keine Röcke an, weil kein Junge das macht.

Der Hinweis auf die angebliche Verhaltensweise aller ist kein hinreichender Grund für das Einhalten einer bestimmten Verhaltensweise. Es gäbe zahlreiche, tatsächlich einleuchtende Gründe, wie z. B., daß die Hände gewaschen werden, damit sie zum Essen sauber sind. Man geht nach draußen, um sich an der frischen Luft ein wenig auszutoben, bevor der nächste Platzregen kommt usw. Der Hinweis darauf, daß ein Verhalten richtig ist, weil alle es so machen, ist eine Erziehung zur Konformität. Dem einzelnen Kind wird es nicht lange gelingen, sich diesem Konformitätsdruck zu entziehen, um vielleicht in Ruhe sein begonnenes Spiel zu beenden, anstatt spazierenzugehen. Konformitätsdruck wird oft ausgeübt, um die Durchsetzung bestimmter Verhaltenserwartungen und Regeln zu erreichen. Wie soll aber ein Kind dann lernen, daß manche seiner Ideen und Handlungen kreativ sind, wenn alle anderen es nicht so machen, wenn alle anderen es ablehnen? Wie soll sich ein Jugendlicher dem Konformitätsdruck der Gruppe Gleichaltriger entziehen, wenn diese als „Mutprobe" einen Diebstahl im Kaufhaus erwartet?

> Konformitätsdruck herrscht immer dann, wenn Menschen nicht den Raum und die Möglichkeit erhalten, anders sein zu dürfen als andere, sich anders verhalten und denken zu dürfen.

Leistungsdruck

■ Leistungsdruck ist immer dann ein blockierender Faktor für die Kreativität, wenn die erwartete und eingeforderte Leistung in einer bestimmten Situation eine Überforderung darstellt. So gibt es Kinder, die in entspannten Situationen bildreiche Geschichten erzählen oder Lieder mit Gefühl vortragen können, phantastische Bilder malen oder mit Musikinstrumenten Melodien erfinden.

Fordert man sie hingegen zu einer Vorführsituation auf („Zeig mal der Oma, wie du singen kannst", „Mal dem Papa zum Geburtstag noch so ein schönes Bild", „Spiel uns doch zur Weihnachtsfeier dein komponiertes Musikstück vor!"), dann stellen solche Situationen oftmals eine Überforderung dar. Was die Kinder aus einer spontanen Situation und aus eigenem Impuls in entspannter Atmosphäre mühelos und lustvoll entwickelt und erfunden haben, können sie unter den gespannten Leistungsforderungen und -erwartungen der Erwachsenen nicht mehr wiederholen.

Leistungsdruck ist die Erwartung an eine zu erbringende Leistung, bei der ein Mensch überfordert ist und bei der er darüber hinaus zu befürchten hat, daß das Versagen negative Konsequenzen haben wird. Also wird er versuchen, eine gewisse Leistung zu erbringen, um die negativen Konsequenzen zu vermeiden. Aber die Leistung selbst ist dann unter Umständen von nicht so hoher Qualität wie zu einem Zeitpunkt, als der Druck noch nicht vorhanden war. Das Kind wird also dem Vater wohl oder übel ein Bild malen. Wenn es selbst zu der Leistung nicht motiviert ist, wird es etwas auf das Papier werfen, was den Anforderungen der Umwelt zwar genügt, aber nicht seinen umfassenden Fähigkeiten entspricht. Kreative Leistungen sind qualitativ hochwertige Leistungen, wenn eine eigene aus innen heraus motivierte Leistungsbereitschaft vorhanden ist.

> Leistungsdruck erzwingt zwar Erzeugnisse, erreicht aber keine kreativen Ergebnisse.

Verhaltenszwänge

■ Entscheidungsfreiheit ist jener Spielraum, den ein Mensch braucht, um eine Wahl treffen und sein Handeln steuern zu können. Existiert ein hohes Maß an Entscheidungsunfreiheit, können verschiedene Handlungen nicht erprobt werden.

Entscheidungsunfreiheit ist ein Kreativitätskiller, wenn reglementierte und rigide Verhaltensweisen immer wieder und in zeitlich enger Abfolge vorgeschrieben werden. Dies geschieht bei Kindern, wenn ihre Tagesabläufe von Erwachsenen so verplant werden, daß sie über keine freien Zeiträume für spontanes Spiel oder sonstige spontane Aktivitäten mehr verfügen. Entscheidungsunfreiheit ist auch dann gegeben, wenn sie durchgängig eng umgrenzte Anweisungen für bestimmtes Verhalten bekommen, ohne daß ihnen Wahlmöglichkeiten bleiben. Die in der Vorschulerziehung lange Zeit üblichen angeleiteten Beschäftigungen, an denen alle Kinder einer Kindergartengruppe für die Dauer der Anleitungszeit teilnehmen mußten, stellten solche Einschränkungen ihrer Entscheidungsfreiheit dar.

> Die Wahlmöglichkeit, sich mit bestimmten Aktivitäten gezielt und vertieft sowie selbstgesteuert beschäftigen zu können, ist Nährboden für kreative Prozesse, weil durch die eigene Wahl ein hohes Maß an Motivation für die Intensität der Beschäftigung mit einer bestimmten Sache verbunden ist.

Entscheidungsunfreiheit meint also die relativ andauernde Situation, nicht über eigene Bedürfnisse, Interessen und Vorlieben selbst entscheiden und sich ihnen widmen zu können, weil permanente Vorgaben und Anweisungen so eng gesetzt sind, daß sich keine Entscheidungsspielräume ergeben. Entscheidungsspielräume aber bewirken die gedankliche und handelnde Auseinandersetzung mit Alternativen und ermöglichen einen Erfahrungsschatz, der wiederum Voraussetzung für die vielfältigen Kombinationsmöglichkeiten ist, die bei der Kreativität die unverzichtbare Grundlage bilden.

Strafe ■ Belohnungs- und Strafstrategien blockieren kreatives Verhalten, weil sie entweder Angst oder Überanpassung bewirken, aber nicht die freie Entfaltung der kreativen Ideen und Möglichkeiten, die ein Mensch besitzt. Hat ein Kind mit Belohnung zu rechnen, richtet sich sein Verhalten nach der äußeren zu erwartenden Gratifikation aus und nicht mehr nach der Freude an der Sache selbst. Außerdem wird es vermeiden, unerwünschtes Verhalten oder Ergebnisse zu produzieren, weil es im Gegensatz zur Belohnung die Bestrafung zu erwarten hat. Die Leistungen des Denkens und Handelns richten sich also in vollem Umfang nach den Erwartungen anderer, zumeist der Autoritätspersonen, aus. Damit rücken eigene Antriebe und Motivationen in den Hintergrund. Das spielerische Element des Ausprobierens weicht dem ängstlichen oder hoffnungsfrohen Kalkül der Einschätzung, ob Belohnung oder Strafe zu erwarten ist.

Kontrolle ■ Überwachung oder Überbeaufsichtigung führt dazu, sich allzeit beobachtet und kontrolliert zu fühlen. Dies ist vor allem in Kombination mit der Autoritätsfurcht deshalb eine Blockade der Kreativität, weil der Zustand der Selbstvergessenheit und Vertiefung in eine Sache oder Handlung nicht mehr entfaltet werden kann. Fühlen Kinder sich stets beaufsichtigt und kontrolliert, dann stehen sie auch ständig unter dem Druck, nichts falsch machen zu dürfen und ein möglichst positives Bild von sich abgeben zu wollen, um nicht in Konflikt mit den Erwachsenen zu geraten. Ständige Beobachtung unterdrückt die Experimentierfreude und Risikobereitschaft, welche aber erforderlich sind, um die für kreative Prozesse notwendigen Erfahrungen zu machen. Unter Überwachung und Überbeaufsichtigung, die meist verbunden ist mit einem häufigen Eingreifen der Erwachsenen, beginnen Kinder sich nichts mehr zuzutrauen und allzu vorschnell die Hilfe von Erwachsenen bei den geringfügigsten Problemstellungen zu erbitten.

„Ich kann das nicht" ist die häufige Äußerung von Kindern, die nicht gelernt haben, eine Handlungsweise zunächst selbst zu erproben, bevor sie auf die Hilfe der Erwachsenen zurückgreifen. Durch die stets gespürte, andauernde Beaufsichtigung haben sie gelernt, daß Erwachsene eingreifen, wenn etwas nicht so gelingt, wie sie es sich vorstellen. Also greifen die Kinder wiederum den Aktionen der Erwachsenen vor und lassen sich sofort Hilfe geben, ohne erst selbst versucht zu haben, ein Problem zu lösen.

> Ein übergroßes Maß an Beaufsichtigung und Eingreifen von Erwachsenen mit dem Ziel, Hilfestellung zu leisten, läßt einer positiven Einschätzung eigener Fähigkeiten bei der Lösung von Aufgabenstellungen keinen Spielraum.

Zusammenfassend wird deutlich, daß die blockierenden Faktoren für Kreativität sehr häufig im Beziehungsgefüge zwischen Menschen liegen, aber auch in einem unzureichenden Zugang zu Erfahrungen und im Fehlen von Anreizen in der Lebensumwelt. Nicht nur in der Lebensumwelt der Kinder gibt es Kreativitätsblockaden, sondern auch in der Berufswelt von Erwachsenen. Ruth Pink nennt folgende Beispiele von Kreativitätsblockaden im Beruf:

„... angebliche Sachzwänge, Selbstzufriedenheit, Übervorsicht, Gleichgültigkeit, Widerstand gegenüber Neuerungen, autoritäres Führungsverhalten, mangelndes Vertrauen, übersteigertes Harmoniebedürfnis, Konfliktscheue." (Pink, R., 1996, S. 17)

Nun scheint die Schlußfolgerung auf der Hand zu liegen, man bräuchte nur die blockierenden Faktoren für Kreativität zu vermeiden und schon ergäben sich die förderlichen Faktoren für die Entwicklung von Kreativität. Aber das ist zu einfach. Zu Beginn des Kapitels wurde verdeutlicht, wie sehr sich erzieherische Einflüsse aus dem sozialen Umfeld und dem Sozialisationsprozeß ergeben können, ohne daß sie eindeutig gezielt und beabsichtigt wären.

Somit können wir annehmen, daß sich blockierende Faktoren der Kreativität aus dem Lebensumfeld eines Menschen ergeben. Das Lebensumfeld eines Kindes ist in seiner Gesamtheit aber nur begrenzt beeinflußbar, und die möglichen Blockadefaktoren für Kreativität lassen sich nicht eliminieren. Deshalb müssen die am Erziehungsprozeß beteiligten Personen bewußt und gezielt kreativitätsfördernde Elemente einsetzen, damit ein Gegengewicht zu den blockierenden Faktoren geschaffen wird.

Akzeptanz und Humor

Rainer Czichos hat in seinem Buch „Creatives Account-Management" (1995) für das Kunden-, Verkäufer- und Vertriebsmanagement Verhaltensweisen beschrieben, die die Kreativität begünstigen. Liest man diese Verhaltensweisen, die für die Arbeitswelt als kreativitätsförderlich gehalten werden, so ist man erstaunt, wie sehr sie sich auf den erzieherischen Prozeß mit Kindern übertragen lassen. Wer Kreativität – Czichos nennt es „Creaktivität", um den Aspekt von Aktivität hervorzuheben – erhöhen will, sollte sich Zeit nehmen, zuhören, andere akzeptieren, Verbindungen zu neuen Ideen herstellen, auf Ideen anderer aufbauen, neue Perspektiven einbringen, den Wert anderer Ideen akzeptieren, humorvoll sein und lachen können, Risikobereitschaft haben, sich begeistern können, auch schwache Ideen akzeptieren, sich Fragen stellen, Unsicherheit und Konfusion aushalten können, aufmuntern können und Machtansprüche unterbleiben lassen (vgl. Czichos, R., 1995).

Die Arbeitswelt hat die Kreativitätsförderung als wesentliches Element der Optimierung von Leistung schon lange entdeckt. Der Erziehungs- und Bildungsbereich könnte zur Kreativitätsförderung im Dienste der Persönlichkeitsentwicklung des Menschen manche Ergebnisse der Arbeitswelt aufgreifen und übertragen. Dabei muß der Tatsache Rechnung getragen werden, daß das Kind und seine Situation in einem bestimmten Lebensumfeld im Mittelpunkt der Bemühungen steht. Daraus sind Erziehungsziele und -mittel abzuleiten.

Aus der Psychologie sind die Prozesse der menschlichen Entwicklung im Denken, Fühlen und Handeln bekannt. Die Soziologie zeigt eine komplexe und uneinheitliche gesellschaftliche Wirklichkeit auf, in die Kinder hineinwachsen und in der sie sich behaupten und orientieren lernen müssen. Aus der Verknüpfung dieser Überlegungen und der Kenntnis der blockierenden Elemente der Kreativitätsentwicklung lassen sich kreativitätsfördernde Faktoren formulieren:

- Kreativität wird gefördert durch einen demokratischen Erziehungsstil, der Wert legt auf partnerschaftliche Beziehungen zwischen Erwachsenen und Kindern und von offener Kommunikation geprägt ist.
- Kreativität wird gefördert durch eine Vielfalt von sinnlichen Wahrnehmungsanreizen.
- Kreativität wird gefördert durch Freiräume für experimentelles Handeln, für Versuch und Irrtum ohne Ablehnung der Person.
- Kreativität wird gefördert durch die Unterstützung von Neugier, die Möglichkeit, eigene Erfahrungen machen zu dürfen, und die Ermunterung zu Aktivität.
- Kreativität wird gefördert durch das aufmerksame Interesse für ungewöhnliche Ideen, Handlungsweisen und Produkte.
- Kreativität wird gefördert durch die Akzeptanz und Unterstützung selbständigen Problemlösungsbemühens.
- Kreativität wird gefördert durch Aufmerksamkeit für den Schaffensprozeß und Vermeidung von Fixierungen auf ein Ergebnis.
- Kreativität wird gefördert durch flexibles und durchlässiges Rollenverhalten.
- Kreativität wird gefördert durch den Zugang zu Material- und Sacherfahrungen.
- Kreativität wird gefördert in einer sozialen Atmosphäre der Akzeptanz, die frei ist von Ängsten, Fehler zu machen oder zu versagen.

4 Gründe für die Förderung von Kreativität im Kindesalter

Die Kindheit ist eine Phase, die altersmäßig im Zeitraum zwischen Geburt und vierzehntem Lebensjahr angesiedelt ist. Bei Kindern unter drei Jahren spricht man noch von Säuglingen und Kleinkindern, während Kinder ab dem zwölften Lebensjahr im umgangssprachlichen Gebrauch schon oftmals als Jugendliche bezeichnet werden. Die Phase der Kindheit ist in Industrieländern definiert als ein

> *„Lebensabschnitt, in dem das Kind bestimmte Aufgaben zu bewältigen hat, aber von der Verantwortung der Erwachsenen frei bleibt"* (Oerter, R./Montada, L., 1982, S. 195).

Kinder sind in fast allen Lebensfragen abhängig von Erwachsenen. Aber nicht nur einzelne Erwachsene, sondern zahlreiche gesellschaftliche Einflüsse und Institutionen beeinflussen den Alltag und damit die Entwicklung eines jeden Kindes. Die Phase der Kindheit ist bestimmt durch psychologisch-biologische Veränderungen und durch kulturelle Einflüsse, wobei von einer Wechselwirkung zwischen der Entwicklung des Kindes und seiner Umwelt ausgegangen werden muß.

Das biologische Alter markiert die Entwicklungsstufe des Kindes. Die soziale Umgebung und die Anregungen, die ein Kind aus dieser Umgebung erhält, beeinflussen seinen Entwicklungsprozeß. So ist **Sozial-moralische Entwicklung** die soziale und moralische Entwicklung weitgehend von den Lebensbedingungen, dem Erfahrungsraum und den offerierten Anregungen aus dem Umkreis des Kindes abhängig. Die kognitive und sozialmoralische Entwicklung des Kindes sind zentrale Entwicklungsaufgaben, die ein Kind während der Kindheit betreffen.

Nach Piaget (vgl. Piaget, J. nach Gudjons, H., 1997) befinden sich die Kinder im Vorschulalter in der sogenannten präoperationalen Phase, in der sie in zunehmendem Maße beginnen, Symbole und

Zeichen in ihre Denkprozesse einzubeziehen und über konkrete Ereignisse auf der Ebene der Vorstellungen nachzudenken. Verinnerlichte Handlungsprozesse werden zunehmend durchdacht und reflektiert. Neues Wissen wird in Denkprozesse aufgenommen, woraus sich eine gewisse logische Struktur bildet. Diese ist aber noch nicht vergleichbar mit der Logik der Erwachsenen, weil Kinder noch nicht in der Lage sind, einen Sachverhalt aus verschiedenen Blickwinkeln zu betrachten und zu bedenken.

Im Schulalter verfeinern sich die kognitiven Fähigkeiten. Ein wichtiges, hinzukommendes Element der Denkstruktur ist die Reversibilität. Sie ist jene Fähigkeit, Handlungen nicht nur konkret, sondern auch in der Vorstellung umkehren zu können (vgl. Piaget, J. nach Gudjons, H., 1977).

Die sozial-moralische Entwicklung führt von einer rein ichbezogenen Perspektive zum Verständnis, moralische Verpflichtungen der Gemeinschaft gegenüber zu haben. Das bedeutet, eine personale Identität aufzubauen und sich gleichzeitig in der Gemeinschaft zurechtzufinden.

> Die Kreativitätserziehung entspricht nicht nur der kognitiven und sozial-moralischen Entwicklung des Kindes, sondern fördert sie.

„Kinder erkunden Neues und ihnen Fremdes, spielerisch entwerfen sie sich eine Umwelt. In Phantasien und fabulierten Geschichten, in ästhetisch-künstlerischen Produktionen und sich wandelnden Spielen reagieren sie auf eine nicht voll begreifbare Welt, bearbeiten in ihnen Ängste und schmerzliche Erfahrungen und gehen Hoffnungen und Sehnsüchten nach. Sie geben auf diese Weise der Welt eine Bedeutung und schaffen sich einen Platz zum Leben und Sich-Entwickeln." (Bundesministerium für Familien, Senioren, Frauen und Jugend, 10. Kinder- und Jugendbericht, 1998, S. 42)

Die Kreativitätserziehung fördert jene Antriebskraft und Kompetenz des Kindes, sich einen eigenständigen Platz im Leben zu erobern. Sie geht davon aus, daß ein Kind ein aktives, produktives und realitätsverarbeitendes Subjekt ist (vgl. Hurrelmann, K., 1983).

Kreativitätserziehung hat zum Ziel, die Gestaltungs- und Problemlösungskompetenzen eines Kindes zu fördern. Durch das Angebot des Erlebens und Erfahrens kreativer Prozesse mit den verschiedensten Materialien und Mitteln sollen das kognitive Denken und das erfindungsreiche Handeln angeregt werden. Kreativitätserziehung stimuliert somit die kindliche Entwicklung: Die kognitiven und sozial-moralischen Fähigkeiten des Kindes werden gefördert, Denken und Handeln werden unterstützt. Gianni Rodari, der in seinem Buch „Grammatik der Phantasie" eine Anleitung zum „phantastischen" Umgang mit Sprache und eine Erfindungskunst durch Sprache vorstellt, fordert,

„daß die Imagination ihren Platz bei der Erziehung haben muß ... Nicht, damit alle Künstler werden, sondern damit niemand Sklave sei." (Rodari, G., 1992, S. 9)

In der Konsequenz bedeutet diese Auffassung, daß Kreativität zu einem demokratischen Weltbild und Verhalten führt.

Die Motive für eine Kreativitätserziehung liegen also in der Förderung der individuellen Entwicklungsbedingungen eines Kindes und in den kulturellen Anforderungen einer Gesellschaft, die sich im Wandel befindet.

„Kinder sollen für sich selber herausfinden, was wichtig ist und sich entscheiden, sind aber damit konfrontiert, daß sie nicht in vorgebahnte Handlungs- und Lebensverläufe eingebettet sind. Werde ich meine Fähigkeiten je angemessen nutzen können? Was ist das, was ich heute lerne, morgen noch wert? Woran kann man sich halten? Auf die Kinder und die ihnen nahen Menschen wirkt sich aus, daß die Gesellschaft von Unsicherheit über viele ihrer Grundlagen geprägt ist, die vormals nicht angezweifelt wurden." (BM FSFJ, 10. Kinder- und Jugendbericht, 1998, S. 42)

Grunderfahrungen, Orientierung und Integration

Der Zehnte Kinder- und Jugendbericht bringt es damit auf den Punkt, daß ein schneller Gesellschaftswandel auch zu Unsicherheiten bei Kindern führt. Sich in solchen Wandlungsprozessen orientieren zu können, bedarf einer großen Flexibilität. Flexibilität in Denken und Handeln ist jedoch ein wesentliches Merkmal kreativer Kompetenz. Durch geeignete pädagogische Interventionen und Handlungsstrategien, kann diese Kompetenz entwickelt werden, womit Kreativitätserziehung gemeint ist. An anderer Stelle hebt der Zehnte Kinder- und Jugendbericht die Reggio-Pädagogik hervor.

> *„Diese Pädagogik geht davon aus, daß vielen Kindern in ihrer Umwelt Grunderfahrungen verstellt sind, die sie zur Entwicklung benötigen und daß sie daher zu eigener Kreativität und zu kulturellen Formen der Auseinandersetzung mit ihrer Umwelt ermuntert werden müssen."* (S. 48)

Ziele der Förderung von Kreativität sind, einerseits Kindern solche Grunderfahrungen bereitzustellen und andererseits die Möglichkeiten zu bieten, Flexibilität und Kreativität zur erfolgreichen Orientierung und Integration in einer sich schnell wandelnde Gesellschaft erwerben zu können.

Aus den bisher dargestellten Grundlagen kristallisieren sich folgende Gründe für die Förderung von Kreativität und die Erziehung zu einer kreativen Persönlichkeit heraus.

- Kreativität ist eine wichtige Grundfähigkeit, die der Förderung und Unterstützung bedarf und nicht brachliegen sollte.
- Kreative Prozesse und Erfahrungen unterstützen die kognitive sowie sozial-moralische Entwicklung eines Kindes.
- Die Erfahrung eigener Kreativität fördert den Aufbau eines positiven Selbstbildes.
- Kreative Leistungen ermöglichen Erfolgserlebnisse und das Bewußtsein einer unverwechselbaren Identität.
- Kreatives Denken und Handeln ermöglicht die Entwicklung von Problemlösungsstrategien in den Anforderungen des Lebensalltags.
- Kreativität ist die Kompetenz, einerseits die Anpassung an die Lebenswirklichkeit und andererseits die Veränderung und Gestaltung eben dieser Lebenswirklichkeit miteinander verbinden zu können.
- Kreativität ist ein wichtiges Element für Autonomie und Selbststeuerung.
- Kreativität ist ein Lebensgestaltungskompetenz.

5 Ansätze der Kreativitätsförderung bei Kindern

Kindliche Formen der Aneignung von Wirklichkeit geschehen auf den Ebenen des Denkens, des Fühlens und der sozialen Kontakte. Impulse aus dem Umfeld werden durch sinnliche Wahrnehmung und Erfahrung in Denken, Handeln und Fühlen integriert und führen so zu jenen Lernprozessen, durch die sich das Kind entwickelt und seinen Platz in der Welt erobert. Also müssen die Ansätze der Kreativitätsförderung in Impulsen aus dem kindlichen Umfeld liegen. Das kindliche Umfeld setzt sich zusammen aus Personen, mit denen ein Kind Kontakt hat, aus Räumen, in denen ein Kind sich aufhält, aus Gegenständen und Materialien, die einem Kind zugänglich sind. So können Impulse zur Kreativitätsförderung von der Handlungsweise der Erziehungspersonen, von der gestalteten Situation und von den zur Verfügung gestell-

ten Materialien und Spielmitteln ausgehen. Zur Förderung der Kreativität spielen die erwachsenen Bezugs- und Erziehungspersonen in Kindergarten, Schule, Familie und Freizeit eine zentrale Rolle, denn sie sind es, die durch ihr Handeln Impulse und Maßstäbe setzen. Darüber hinaus haben sie die Möglichkeit der Einflußnahme auf eine anregende Umgebung und anregende Materialien.

Ingeborg Becker-Textor beschrieb schon 1988 in ihrem Buch „Kreativität im Kindergarten" drei Grundelemente kreativen Verhaltens: „… das Staunen, das Fragen, das Infragestellen" (S. 37). Dies sind drei typisch kindliche Verhaltensweisen, die durch das Bemühen des Kindes, sich die Welt zu erschließen, wie von selbst aufzutauchen scheinen. Wichtig jedoch ist, diese Verhaltensweisen zu unterstützen.

Neugier Kindliche Neugier kann blockiert werden. Deshalb ist es notwendig, Neugier und Infragestellung durch ein wohlwollendes Eingehen auf Fragen und eine freundlich-liebevolle Anleitung zum Staunen zu ermutigen. Dazu muß sich der Erwachsene auf die Ebene des Kindes begeben, zu seiner Gefühlswelt „emporklimmen", wie Janusz Korczak es formuliert hat, um darzustellen, daß Erwachsene sehr viel von Kindern lernen können und ihren emotionalen Fähigkeiten Achtung entgegenbringen sollten. Die sich darbietenden Fähigkeiten eines Kindes, zu staunen, Fragen zu stellen und Sachverhalte in Frage zu stellen, sollten also als Grundlage der Förderung von Kreativität aufgegriffen, wahrgenommen und unterstützt werden.

Kinder, die diese Verhaltensweisen nur noch wenig oder gar nicht mehr zeigen, weil sie sich vielleicht durch ungünstige Lebensbedingungen oder Angst vor Sanktionen oder durch einen allzu großen Gehorsamszwang das Fragen und Hinterfragen nicht mehr trauen, sollte man wieder dazu ermutigen, Fragen zu stellen und staunend die Welt zu beobachten.

Eine weitere günstige Basis für Kreativitätsförderung ist das typisch kindliche Experimentierverhalten. Man kann beobachten, wie versunken in sich selbst und zugleich unendlich geduldig manche Kinder versuchen, eine Aufgabe zu lösen, wie z. B. immer wieder aus Bauklötzen einen Turm aufzubauen, bis er endlich fest stehenbleibt.

Experiment Dieses Durchhaltevermögen und Experimentierverhalten gilt es zu unterstützen, weil durch freies Experimentieren eine Vielfalt von

Möglichkeiten aus eigener Motivation heraus entdeckt werden kann. Die Freude und der Stolz an außergewöhnlichen Ergebnissen – auch wenn sie nur einem Zufallseffekt entspringen – sind die Antriebsfeder für weitere Entdeckungen. Auch hier müssen sich Erwachsene auf die Ebene eines Kindes begeben, mit ihm experimentieren, sich mit ihm über gelungene Ergebnisse und neue Entdeckungen freuen. Es reicht nicht aus, Experimentierverhalten nur einfach zuzulassen, da der erwachsene Mensch durch sein Mitmachen (nicht Vormachen) wesentlich zum Gefühl der Ermutigung beiträgt. Das Experimentierverhalten von Kindern wird nur leider oftmals unterbrochen aus Angst, ein Kind könnte sich verletzen, aus der Überlegung, es komme doch nicht zu einem „brauchbaren" Ergebnis oder vielleicht auch aus Gründen der Ordnung. Denn zu experimentieren kann auch bedeuten, ein gewisses Chaos zu veranstalten.

Die Gründe einer Blockade des kindlichen Experimentierverhaltens können vielfältig sein, und oftmals wird nicht bedacht, daß durch das Bestehen auf der Einhaltung bestimmter Regeln ein Experiment verhindert wird, ehe es richtig beginnen konnte.

Glaube an die eigene Kreativität

Ein weiterer Grundansatz zur Förderung von Kreativität ist der Glaube an die eigene Kreativität. Dieser läßt sich dem Kind vermitteln. Wie schon zuvor dargestellt, spielt das Selbstbild eines Menschen eine entscheidende Rolle für seine Fähigkeiten und Fertigkeiten. Ein schwaches Selbstbild, wenn z. B. ein Kind von sich selbst glaubt, bestimmte Dinge nicht zu können oder nicht erlernen zu können, verhindert auch die Entwicklung der dafür erforderlichen Fähigkeiten. Also ist es wichtig, dem Kind immer wieder zu sagen, daß es kreativ ist und über außergewöhnliche Ideen verfügt. Außerdem braucht es Erfolgserlebnisse.

> Ein Kind muß an sich selbst und seine Fähigkeiten glauben können. Dies wird erreicht durch aufmerksame und bewundernde Zuwendung zu seiner Person und seinen kreativen Ausdrucksformen in Spiel, Gestaltung, Darstellung und den ganz alltäglichen Lösungen für kleine und große Probleme.

Um experimentieren zu können, bedarf es manchmal bestimmter Materialien. Damit sind Gegenstände gemeint, die die Realisierung einer Idee oder eines Sachverhaltes ermöglichen oder unterstützen. Im Umgang mit Gegenständen und Materialien entstehen Sacherfahrungen und sinnliche Erfahrungen. Sinnliche Erfahrungen und Sacherfahrungen sind eine weitere wichtige Voraussetzung für die Entwicklung von Kreativität. Wenn der Zugang zu bestimmten Mitteln nicht erlaubt ist oder nicht ermöglicht wird, kann keine Idee in Realität umgesetzt werden. Das heißt, wenn ein Kind beispielsweise die Pfeifenreiniger seines Vaters nicht haben darf, wenn es darum bittet, dann kann es daraus auch keine Figuren formen, die es vielleicht für seine Spielsituation gerade dringend benötigt.

Vielfältiges Material und Ermutigung

Der Zugang zu vielfältigen Materialien bzw. die Anleitung, welche Materialien alternativ benutzt werden könnten, um sie für eigene Zwecke dienlich zu machen, ist eine wichtige Grundlage für die Entfaltung von Kreativität. Bezogen auf das oben genannte Beispiel bedeutet dies, mit dem Kind zu überlegen, ob nicht vielleicht Blumenbindedraht auch funktionieren könnte, wenn die Pfeifenreiniger nicht zur Verfügung stehen oder nicht benutzt werden dürfen.

Auf diesen beschriebenen Elementen des Aufgreifens und der Unterstützung der Impulse und Signale des Kindes basiert der Ansatz der Kreativitätsförderung. Sie bezieht sich auf konkrete Situationen und Anlässe, die sich durch die Aktivität des Kindes ergeben, und versucht, die kreativen Elemente solcher Anlässe ermutigend zu begleiten, zu unterstützen und zu fördern.

> Die Grundlage der Kreativitätsförderung ist die Ermutigung zum Staunen, zum Fragen, zum Hinterfragen und zum Experimentieren, zur Sacherfahrung sowie zum Glauben an die eigene Kreativität.

Diese Ermutigung geschieht auf verschiedenen Ebenen:
- auf der Ebene der Kommunikation;
- auf der Ebene der Interaktion und Aktivität;
- auf der Ebene der Sacherfahrungen.

Auf der Ebene der Kommunikation gilt es, das Kind durch Ansprache anzuregen, seine eigenen Experimente und Erfahrungen zu machen, sowie sich positiv über Leistungen zu äußern. Es ist wichtig, ein Kind nach seinen Ideen zu fragen, anstatt Ideen vorzugeben. Es ist wichtig, die kreativen Prozesse durch interessierte Fragestellungen zu unterstützen, Beteiligung zu signalisieren. Darüber hinaus sollten Phrasen vermieden werden, die ein Kind in der Entwicklung eigener Problemlösungsansätze blockieren. Sätze wie: „Das geht nicht", „Das kannst du nicht", „Dafür bist du noch zu klein", „Das kannst du nicht verstehen", „Laß mich das lieber machen", „Das macht man nicht", unterbrechen, was ein Kind gerade versucht auszuprobieren und herauszufinden, ohne dafür eine Begründung oder alternative Möglichkeit des Handelns anzubieten.

Offene Kommunikation

In der Kommunikation, die die kindliche Kreativität fördern soll, muß der Erwachsene offen und bereit sein, sich auf die Ideen und Handlungsweisen des Kindes so weit einzulassen, daß es nicht gehindert wird, etwas zu erproben, was es durchaus selbst erproben könnte. Es sollten Gründe und Handlungsalternativen angeboten werden, um Verhaltensweisen umzuorientieren, die begründet eine Gefahr oder sonstige Problematik für ein Kind darstellen könnten.

Beispielsweise ist es sehr problematisch, ein Kind von drei Jahren mit Streichhölzern experimentieren zu lassen. Die Neugier und der Wunsch nach Experiment könnten eine Gefahr für das Kind darstellen. Aber die einfache Formulierung: „Das kannst du nicht" reicht nicht aus. Man kann kindgerechte Begründungen finden und die mögliche Gefahr verdeutlichen. Älteren Kindern kann man auch den gelungenen Umgang mit Streichhölzern zeigen.

Dies ist vielleicht ein extremes Beispiel. Mir liegt es aber daran, zu verdeutlichen, daß ein Kind durch Kommunikation, sprachliche Ermutigung und Begleitung im Bereich seiner kreativen Kompetenzen gefördert werden kann und daß Blockaden vermeidbar sind.

Gemeinsames Tun

Die Ermutigung zu Kreativität auf der Ebene der Interaktion zwischen Erwachsenem und Kind meint das gemeinsame Tun mit dem Kind. Das bedeutet, daß der erwachsene Mensch mit dem Kind zusammen die Phänomene der Welt bestaunt und entdeckt. Es heißt auch, mit dem Kind zusammen zu spielen, wobei der Erwachsene Spielpartner und nicht Spielleiter ist. Interaktion meint eine Beziehung zu dem Kind durch Kommunikation *und* Aktivität herzustellen.

Miteinander auszuprobieren, wie man sich verkleiden kann, miteinander zu entdecken, wie man Farben mischen kann, wie man miteinander phantastische Geschichten erfinden kann und auch wie man auf einem Waldspaziergang gemeinsam bizarre Wurzeln suchen kann.

Interaktion als Miteinandertun bedeutet für den Erwachsenen, manchmal auf seinen Wissens- und Erfahrungsvorsprung zu verzichten und die Welt mit den Augen eines Kindes neu entdecken zu können. Beziehungen entstehen durch gemeinsame Gespräche und gemeinsame Aktivitäten. Zusammen erlebte Aktivitäten wiederum bieten die Basis für Gespräche.

Ermutigung zu Kreativität auf der Ebene der Interaktion und Aktivität bedeutet, dem Kind eine Vielfalt von Aktivitäten und Entdeckungsmöglichkeiten allein und in Kontakt mit Gleichaltrigen durch eine „vorbereitete Umgebung", wie Maria Montessori es bezeichnete, zu ermöglichen. Spiel- und Erkundungsaktivitäten sollen nicht nur zwischen Erwachsenen und Kind, sondern auch für das Kind selbst oder im Tun mit anderen Kindern ermöglicht werden. Das Prinzip der „vorbereiteten Umgebung" bedeutet, durch Raumgestaltung und Material Anreizsituationen dafür zu schaffen, daß sich eine Motivation entwickelt, zu spielen, zu entdecken, zu lernen (vgl. Montessori, M., 1995).

Gestaltung der Umgebung
Dieses Prinzip ist ein zentrales Element der Anreizbildung für die Aktivitäten von Kindern. Allerdings muß aus meiner Sicht besonders in bezug auf Kindertageseinrichtungen darüber hinausgegangen werden. Die „vorbereitete Umgebung" wird in der Regel von Erwachsenen vorbereitet, und im Rahmen der Anreizbildungen, die sich aus der Situation ergeben, entwickeln sich kindliche Aktivitäten. Dieser Rahmen setzt, so wichtig und hilfreich er ist, auch Grenzen. Kinder sollten zur Entfaltung ihrer kreativen Kompetenzen auch durch Anleitung von Erwachsenen die Möglichkeit erhalten, die Umgebung mitzugestalten und die Grenzen der Möglichkeiten ihrer unmittelbaren Umgebung zu erweitern. Ein Beispiel soll das verdeutlichen:

In der Gruppe einer Kindertagesstätte baut ein Kind mit Holzklötzen und Legobausteinen eine Stadt. Nun kommt es auf die Idee, die Stadt auch mit Gärten, Bäumen und Parks auszustatten. Spielzeugbäume

sind aber nicht vorhanden. Das Kind sucht nach Materialien, die die gewünschte Darstellung ermöglichen. Die vorbereitete Umgebung bietet Konstruktionsmaterial aller Art in der Bauecke an.

Hier wäre eine Erweiterung der vorbereiteten Umgebung dadurch möglich und wichtig, daß das Kind im Außenbereich der Einrichtung nach Naturmaterialien suchen kann, die seinen Zwecken entsprechen. Damit könnte es seine Möglichkeiten zur Gestaltung der Stadt über die unmittelbar angebotenen Möglichkeiten hinaus erweitern. Es braucht dazu die Flexibilität und Erweiterung bestimmter Rahmenbedingungen. Hierzu müssen Erwachsene das Kind anregen, denn sie sind es auch, die die Rahmenbedingungen vorgeben. Oftmals sind Kinder nur auf der Basis der vertrauensvollen Beziehung zu Erwachsenen in der Lage, ihre Bedingungen zu erweitern und sich neue Möglichkeiten zu erschließen. Das beschriebene Kind käme nämlich gar nicht auf die Idee, nach Stöcken oder Laub oder Moos für sein Tun zu verlangen, wüßte es von vornherein, daß es nicht erlaubt ist, allein ins Außengelände zu gehen, um solches Material zu sammeln. Aus der Einzelsituation des Kindes könnte sich eine für alle Kinder geltende Erweiterung der Bedingungen für die Mitgestaltung ihrer Umgebung ergeben. Naturmaterialien könnten gezielt von Kindern gesucht und gesammelt werden, um die Materialien in der Gruppe dadurch anzureichern.

Ermutigung zur Kreativität geschieht auch durch das Ermöglichen von Sacherfahrungen. Dazu gehören die alltäglichen Dinge des Lebens: Baumaterial, Lebensmittel, Naturmaterial, Werkzeug, Stoffe, Farben, Klebstoffe und jegliche Nutzgegenstände, die im Alltag gebraucht werden. Sacherfahrungen können zwar durch Spielmittel und Spielzeuge entstehen. Aber das reicht nicht. Ein Kind wächst in die Welt der Erwachsenen hinein, und dort gibt es reale Nutzgegenstände, deren verschiedene Möglichkeiten des Gebrauchs erst erkundet und dann erlernt werden können.

Sacherfahrungen   Sacherfahrungen ermöglichen eine komplexe Erkenntnis. Weizenkörner zunächst in der Hand zu fühlen und schließlich zu zermahlen, um sie zu Brot zu backen, ist ein wichtiger Erkenntnisvorgang, aus dem auch kreative Erfahrungen gemeinsam mit den

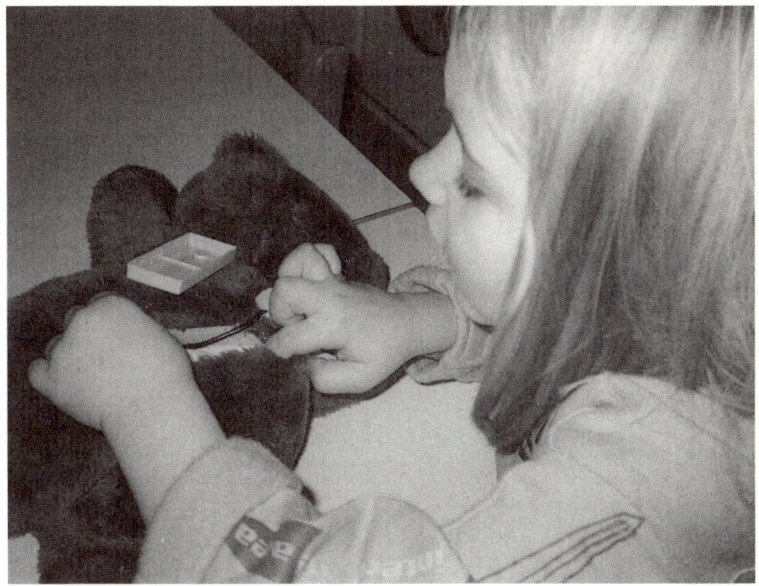

Erwachsenen gezogen werden können, denn man könnte schließlich auf die Idee kommen, den Brotteig mit Sonnenblumenkernen oder Nüssen anzureichern. Um solche weiterführenden Variationen aber entwickeln zu können, bedarf es der Sacherfahrung mit dem Grundvorgang des Herstellens von Brot.

Sacherfahrungen werden im Umgang mit Naturmaterialien und Nutzmaterialien gemacht. Spielmittel und Spielzeuge sind oftmals so konstruiert, daß ihre Substanz nicht verändert werden kann. Bauklötze aus Hartholz können nicht mit dem Messer oder mit Nägeln bearbeitet werden. Zum einen ist das Material zu hart, zum anderen ist es auch eine gewisse Sachbeschädigung. Kinder brauchen also Material, das sie bearbeiten und verändern können, mit dem sie experimentieren dürfen, ohne daß dadurch Gegenstände beschädigt werden. Mit Nutzmaterialien sind alle Gegenstände des Alltags gemeint, die sich zum Spiel und zur Erkundung eignen, angefangen bei Kochtöpfen bis hin zu Nägeln, Schrauben und Muttern. Allzu oft werden besonders in Kindertageseinrichtungen mehr hergestellte Spielzeuge aus Katalogen angeboten als Alltagsgegenstände. Warum nur gekaufte Holzperlen zum Aufziehen auf eine Schnur verwenden, wenn vielleicht ein Elternteil kleine Metallmuttern und Unterlegscheiben mitbringen könnte? Auch diese lassen sich aufziehen, sind aber ein Nutzgegenstand des Alltags, der noch verschiedene andere Spiel- und Experimentiermöglichkeiten bietet.

Auf der Ebene der Sacherfahrungen geschieht Kreativitätsförderung. Dazu müssen aber mehr Sachmittel zur Verfügung gestellt werden als konfektionierte Spielzeuge, weil sie mehr Experimentiermöglichkeiten bieten und zudem einen starken Bezug zur Realität der Erwachsenen haben. Beispielsweise bietet das Weben mit Papierstreifen nur das Erlernen einer gewissen Fingerfertigkeit. Auf einem richtigen großen aus Holzstöcken und Bindfäden selbst hergestellten Holzrahmen zu weben bedeutet, eine Sacherfahrung über die Entstehung von Teppichen und Stoffen machen und mit den verschiedenen Stoff- und Wollmaterialien experimentieren zu können. Solche Sacherfahrungen sind ganzheitliche Erfahrungen von Zusammenhängen, die sinnliche Wahrnehmung und aktives Handeln anregen.

Nun werden viele Erzieherinnen und erwachsene Erziehungspersonen denken, daß sie all die beschriebenen Ansätze bereits realisieren und damit Kreativitätserziehung bereits leisten. Das ist sicherlich richtig. Dennoch bedarf es zur Kreativitätsförderung noch eines Perspektivwechsels, einer Veränderung der Verhaltensweise, die nicht in der Bereitstellung eines Angebotes liegt, sondern im Tun mit dem Kind.

Mittun, Mitentdecken, Mitexperimentieren, Mitspielen, Mitfragen, Mitsuchen, Mitsammeln, Miterleben sind die zentralen Elemente der Kreativitätsförderung. Das Organisieren der kindlichen Aktivitäten und die Bereitstellung von Material und Umgebung oder die Anleitung einer Spielsituation reicht alleine nicht aus.

Wie Erwachsene mit Kindern aktiv werden können im Dienste der Kreativitätsförderung wird in den folgenden Kapiteln dargestellt.

5.1 Suchen und Sammeln

Wie in dem Kapitel über Problemlösung und kreative Prozesse bereits dargestellt, beginnt der kreative Prozeß mit der sogenannten Vorbereitungsphase, die von Suchen und Sammeln geprägt ist.

Kinder sammeln gern. Viele Dinge erregen ihre Aufmerksamkeit, und sie beginnen, diese zu sammeln. Beliebte Objekte ihrer Sammelleidenschaft sind z. B. Steine, Muscheln, Kronkorken. Dieser Sammelleidenschaft wird sogar durch ein gewisses Konsumangebot entgegengekommen. In meiner Kindheit waren es Hochglanzbildchen von Blumen und spielenden Kindern, die in ein Album eingeklebt werden konnten, nachdem sie zuvor getauscht wurden, wenn sich in den gekauften Tütchen doppelte Exemplare oder Exemplare, die man schon besaß, befanden. Später kamen Fotografien aus den Karl-May-Filmen hinzu, die man in ein dazugehöriges Album einkleben konnte. Heute gibt es Sammelbilder von Dinosauriern, Schlümpfen und anderen vermarkteten Helden der Kinderkultur.

Die kindliche Sammelleidenschaft bewirkt, daß es immer wieder einen offensichtlich reißenden Absatz für die verschiedenen Neuauflagen dieser Sammelbilder und Sammelalben gibt. Kinder zum Suchen und Sammeln anzuregen, ist ein wichtiger Bestandteil der Kreativitätsförderung. Damit ist aber nicht das Sammeln angebotener Kinderkonsumwaren gemeint, sondern das Suchen und Sammeln in Natur und Umwelt. Kinder sollten mit Erwachsenen gemeinsam auf die Suche gehen, um Dinge zu sammeln, die sie faszinieren, begeistern, ihr Interesse wecken.

Nutzgegenstände In der Natur können dazu Steine, Blätter, Äste, Schneckenhäuser, Muscheln und Federn dienen. Dieses Suchen und Sammeln gemeinsam mit Kindern ist schon beinahe selbstverständlich geworden. Das Suchen und Sammeln von Nutzgegenständen des Alltags ist schon weniger selbstverständlich. Doch hier lassen sich viele Dinge finden wie Nägel, Muttern, Schrauben, Weinkorken, Gummibänder, Büroklammern, farbige Papierschnipsel, Bilder aus Zeitschriften oder auch verschiedene Schachteln.

Noch weniger selbstverständlich ist das Suchen und Sammeln in Bereichen der industriellen Fertigung. Aber auf Schrottplätzen lassen sich hervorragende und bizarr verformte kleinere und größere Me-

tallteile sammeln, die eine faszinierende Wirkung auf Kinder haben. Diese Beispiele sollen die Möglichkeit verdeutlichen, kindliche Such- und Sammelaktivitäten gezielt anzuregen und auf weitere, ungewohnte Erfahrensgebiete auszudehnen. Das bedeutet, im erweiterten Lebensumfeld des Kindes gezielt auf Entdeckungsjagd zu gehen.

> Das pädagogische Ziel ist das Suchen und Sammeln selbst, weil sich in dieser Aktivität ein ungeheures Maß an Überlegung, Denken, Entscheidung, Beobachtung und Wahrnehmung entfalten kann.

Stellen wir uns doch einmal vor, mit ein paar Kindern auf einem nahegelegenen Schrottplatz nach erstaunlichen Dingen zu suchen und sie zu sammeln. Was wird geschehen?

Die Kinder werden mit offenen Augen und Begeisterung zunächst alles bestaunen, was sie an Formen und Gegenständen sehen und entdecken. Der Reiz des Neuen ist so stark, daß jedes Kind binnen kürzester Zeit mehrere Dinge sammelt, die es mitnehmen will.

Doch läßt man sich mit der Phase des Sammelns Zeit, dann ist zu beobachten, daß Kinder nicht alles aufsammeln, was sie anspricht, sondern auswählen. Sie legen etwas wieder weg zugunsten eines anderen Objektes, das sie mehr anspricht. Die Ansprüche an die Besonderheit eines gesammelten Gegenstandes wachsen, gewisse Auswahlkriterien bilden sich heraus. Die Aktivität wandelt sich von einem beliebigen Aufsammeln zu einem strukturierten Suchen und Entscheiden. Dadurch lernen sie, sich in der Vielfalt der Möglichkeiten zu orientieren und auszuwählen. Jedes Kind legt auf andere Aspekte der Auswahl Wert. Wichtig ist, daß Erwachsene sich am Suchen und Sammeln selbst aktiv beteiligen. Das Sich-gegenseitig-aufmerksam-machen auf bestimmte, besonders interessante Gegenstände erhöht die Beobachtungsfähigkeit. Das gegenseitige Zeigen besonderer Sammelstücke entfacht die Begeisterung und einen gemeinsamen Eifer sowie einen freundlichen Wettbewerb.

Das Suchen und Sammeln von Gegenständen, welcher Art auch immer, erweitert die Aufmerksamkeit und das gezielte Betrachten der unmittelbaren Umgebung. Die innere und äußere Wahrnehmung wird für Neues und Faszinierendes erweitert, Interesse wird geweckt.

Sammeln von Ideen

Suchen und Sammeln von Ideen gelingt genauso. Man kann Kinder einer Gruppe auffordern, einmal alle Ideen auszusprechen, was man malen oder spielen könnte. Das Suchen und Sammeln von Ideen geschieht hierbei durch Äußerungen und Worte, wobei jedes Kind mehrere Ideen beitragen soll. Auch der Erwachsene sollte seine eigenen Ideen äußern. Ideen für die Umgestaltung eines Raumes können auf diese Weise genauso entwickelt werden wie Ideen für die weitere Gestaltung des Tages. Ziel ist es, eine Fülle verschiedener Ideen zusammenzutragen wie beim Sammeln von Gegenständen.

Die „Brainstorming-Methode", die Alex F. Osborn 1963 in seinem Buch „Applied Imagination" vorgestellt hat, ist eine „Sammelmethode" für Ideen und kann auch mit Kindern durchgeführt werden. Jene mittlerweile sehr bekannte Methode geht davon aus, daß eine Fülle von Ideen erst einmal entwickelt werden muß, bevor ein paar wenige davon zu einer Lösung benutzt werden können. Die freie Entwicklung von Ideen ist aber nur möglich, wenn sie ohne Kritik und

Zensur gesammelt werden können. Daher ist es wichtig, sich als Erwachsener jeder bewertenden Äußerung, wie z. B. „Das geht nicht", zu enthalten und die Kinder nur zu ermutigen, eine Fülle von Ideen zu produzieren. Im zweiten Schritt läßt sich dann überlegen, welche der Ideen uns so brauchbar zu sein scheinen, daß wir sie aufgreifen können und wollen. Welche Ideen sich sofort oder erst später verwirklichen lassen, welche Ideen weiterentwickelt werden können.

Die Aktivitäten des Suchens und Sammelns von Ideen und Gegenständen mit Kindern sind wichtige Impulse für die Einleitung kreativer Prozesse. Suchen und Sammeln verfolgt damit einen eigenen Zweck, eine eigene Funktion, nämlich die der Erweiterung der Wahrnehmung und des Ideenreichtums. Darüber hinaus aber ist es wichtig, zu vermitteln, daß das Suchen und Sammeln in eine weitere Aktivität münden kann, nämlich in die des Experimentierens. Auf Dauer ist es auch für Kinder nicht befriedigend, gesammelte Objekte nur aufzubewahren, zu bestaunen, zu besitzen und, wenn der Reiz verlorengegangen ist, wieder wegzuwerfen. Es ist wichtig für die Kreativitätsförderung, Kindern Anregungen zu geben, was man mit gesammelten Dingen alles anfangen kann.

5.2 Experimentieren

Experimentieren ist jene Art von Aktivität, bei der Versuche im Umgang mit Gegenständen, Menschen und auch mit sich selbst angestellt werden, um zu Erkenntnissen zu gelangen.

Selbstverständlich gibt es ethische und moralische Grenzen des Experimentierens, nämlich an all jenen Punkten, da das eigene oder fremde Wohl beeinträchtigt wird oder Eigentum anderer beschädigt wird. Im positivsten Sinne jedoch ermöglicht der experimentelle Umgang mit den Phänomenen der Welt eine Erweiterung von Erfahrung und Erkenntnis. Die Anleitung zum Experimentieren bedeutet, verschiedene Versuche aus eigenem Antrieb anzustellen, ohne bestimmten Anweisungen und Vorschriften zu folgen.

Experimentieren ist Erprobung. Kinder müssen ihre Umwelt erproben dürfen. Die Anleitung zum Experimentieren meint nicht nur, einen Versuchsaufbau durchzuführen. Beispielsweise gibt es das Experiment, eine weiße Tulpe in ein Glas mit Tintenwasser zu stellen. Die Blüte der Tulpe verfärbt sich nach einiger Zeit blau. Anhand dieses Experimentes, das ich eher als Versuchsaufbau bezeichnen würde, läßt sich Kindern die Aufnahme von Wasser bei Pflanzen sehr anschaulich vermitteln. Solcherlei Versuche, die physikalische und biologische Gesetzmäßigkeiten verdeutlichen, haben gewiß ihren Stellenwert und erweitern das Wissen von Kindern. Aber sie haben auch den Nachteil, daß die Kinder eher in der Rolle des passiven Beobachters sind als in der Rolle der aktiv Handelnden.

Erprobendes Verhalten

Ermutigung zum Experimentieren ist für Kinder wichtig. Damit ist die Unterstützung des aktiv erprobenden Verhaltens gemeint, durch das Kinder eigenständig Antworten auf ihre Fragen finden können, wie z. B. folgende:

- „Was passiert, wenn ich ganz viel Wasser auf das Papier schütte?"
- „Was geschieht, wenn ich den Käfer auf den Rücken drehe?"
- „Was passiert, wenn ich den Luftballon ganz fest aufblase?"
- „Fällt der Turm zusammen, wenn ich ein schweres Buch darauf lege?"

Dies sind nur einige Beispiele für viele Fragen, die sich für Kinder auftun und auf die Erwachsene ihnen oft sehr schnell die richtige Antwort geben, anstatt sie aufzufordern, es selbst einmal auszuprobieren und dann zu beobachten, was geschieht. Selbstverständlich ist die Aufforderung, die Wirkung einer bestimmten Handlung selbst zu erproben, nicht in allen Situationen angemessen, besonders dann nicht, wenn dadurch eine Gefahr für das Kind heraufbeschworen wird. Aber das Ausprobieren ist in all jenen Situationen möglich, die das Kind nicht beeinträchtigen oder schädigen. Die Aufforderung zu selbständigem Ausprobieren sollte häufiger ausgesprochen werden, und bestimmte Experimente sollten zugelassen werden, ohne vorschnell verhindernd einzugreifen. Wer von uns Erwachsenen wollte als Kind nicht wissen, ob ein Regenwurm, wenn er in der Mitte geteilt wird, in zwei verschiedenen Richtungen davonkriecht? Einige von uns haben es sicherlich auch untersucht. Aber unsere Generation befand sich als Kinder noch weniger in Bereichen institutioneller Erziehung und Bildung und damit weniger unter der Aufsicht der Erwachsenen. Solange sich kindliche Freizeit außerhalb von Familie und Schule „draußen" auf der Straße, im Wald oder in der Umgebung der häuslichen Wohnung selbstorganisiert abspielen konnte, solange waren Kinder auch einer gewissen Aufsicht entzogen und konnten relativ ungestört ihre experimentellen Erfahrungen machen, die in der Einschätzung Erwachsener oftmals als „Unfug" galten. Ein Kind im Kindergarten, das versuchen würde, einen Regenwurm zu zerteilen, würde sicherlich daran gehindert werden.

Das soll nicht so verstanden werden, daß Kinder den rücksichtslosen Umgang mit Tieren oder Gegenständen zugunsten ihrer Experimentierbedürfnisse erlaubt bekommen sollten. Ich möchte nur verdeutlichen, wie schnell ein Eingreifen von Erwachsenen, besonders in der institutionellen Bildung und Erziehung, manche, auch sinnvolle und akzeptable Experimente von Kindern unterbindet.

Eine Anleitung zum Erproben sollte daher bewußt und gezielt geschehen, indem Kindern Impulse und Freiräume gegeben werden. Das Suchen und Sammeln ist eine wichtige Voraussetzung für das Experimentieren. Gesammelte Gegenstände können ins Spiel integriert oder für Gestaltungsaktivitäten eingesetzt werden. Die Impulse hierfür werden gesetzt, indem mit Kinder die Möglichkeiten besprochen werden, was mit gesammelten Gegenständen gemacht werden kann. Der gestalterische Bereich bietet viele Möglichkeiten der weiteren Bearbeitung und Verarbeitung, ebenso der Konstruktionsbereich. Kinder können so manche Naturmaterialien zum Bauen und Konstruieren in Kombination mit vorhandenen Spielmitteln verwenden.

Wichtig ist, daß ihnen Vorschläge gemacht und mit ihnen zusammen Ideen entwickelt werden, wie gesammeltes Material weiterverwendet werden kann. Auch hierbei spielt die Handlungsweise der Erwachsenen, d. h. wie sie sich selbst aktiv an Experimenten beteiligen und mit den Kindern zusammen Dinge erproben, ohne die Ergebnisse und Antworten vorwegzunehmen, eine zentrale Rolle. Erwachsene müssen beispielsweise ihre Einschätzung und ihr Wissen darüber, daß ein schweres Buch, auf einen hohen Turm aus Holzklötzen gelegt, diesen zum Einstürzen bringen kann, und daß zuviel Wasser Papier aufweicht, zurückhalten, um den Kindern die Chance zu geben, sich dieses Wissen selbst zu erschließen. Das bedeutet,

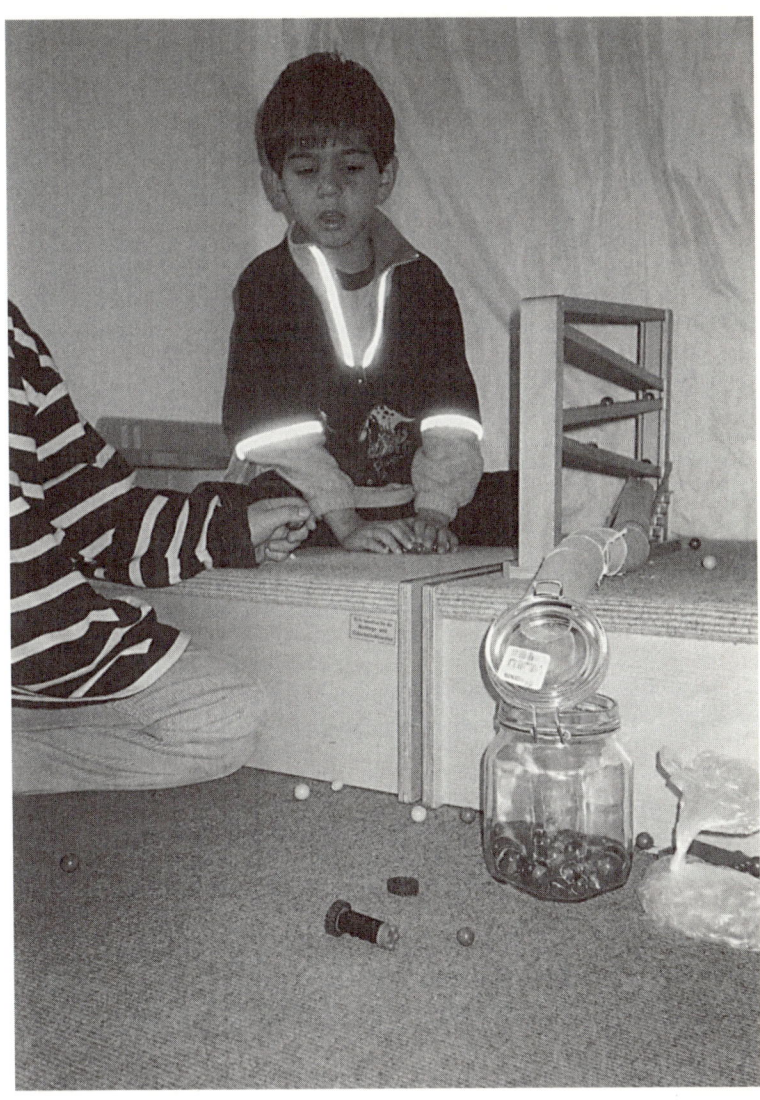

Partner und Partnerin des Kindes zu sein und sein Experimentierverhalten im Dienste schöpferischer Problemlösungen zu unterstützen.

5.3 Entdecken

Kinder haben ein Interesse an ihrer Lebensumwelt. Ihre Aufmerksamkeit richtet sich auf Gegenstände, Menschen und Tiere und wird gespeist von Neugier und Wißbegier. Über die verschiedenen Sinne werden Reize aufgenommen und verarbeitet. Dadurch werden die Phänomene der Welt entdeckt, d. h. Einsicht und Erkenntnis gewonnen über ihre Funktionen, Gesetzmäßigkeiten und Abläufe.

Beispielsweise dreht ein Kind einen Wasserhahn auf, um sich die Hände zu waschen. Bei dieser Gelegenheit kann es passieren, daß es an dem Wasserhahn „herumspielt" und bemerkt, wie der Wasserstrahl durch seine Manipulation an dem Hebel beeinflußt wird. Handelt es sich um eine Mischbatterie, kann das Kind auch noch die Wassertemperatur beeinflussen. Es hat eine Vielzahl von Möglichkeiten, wie ein Wasserstrahl am Handwaschbecken beeinflußt werden kann, entdeckt. Das Entdecken der verschiedenen Möglichkeiten wird über die Beobachtung mit den Augen, das Achten auf das Geräusch mit den Ohren und das Fühlen mit den Händen möglich.

Das Entdecken von Phänomenen der Lebensumwelt geschieht also über die verschiedenen Sinneswahrnehmungen, die, miteinander kombiniert, zu einer Erkenntnis führen, die die Neugier des Kindes befriedigt und sein Wissen erweitert. Außerdem bereitet solche Entdeckertätigkeit große Freude und Lust, denn ein „Geheimnis" wird selbständig gelüftet, was wiederum ein Gefühl des Stolzes auf eigene Leistungen hervorbringt.

„Du sollst doch nicht immer mit dem Wasserhahn spielen", wäre eine Äußerung, die den Entdeckungs- und Erkundungsprozeß abrupt unterbinden und damit auch eine eigenständige Erweiterung der Kenntnisse des Kindes verhindern würde. Interessanterweise ist zu beobachten, daß manche Kinder, die in ihrem Entdeckungsdrang unterbrochen und behindert werden, immer wieder zu dem Gegenstand zurückkehren, um ihn zu untersuchen, bis zu dem Punkt, da ihre Neugier offensichtlich ausreichend befriedigt ist und sie von selbst davon ablassen.

Die Entdeckungslust der Kinder bezieht sich auf die verschiedensten Dinge, die ihre Neugier fesseln: Tiere, Gegenstände, technische Ap-

parate und alles Verbotene gewinnt einen überaus besonderen Reiz. Erwachsene wollen nicht mehr so ausgeprägt wissen, wie etwas funktioniert. Ihre Einstellung gegenüber Dingen ist oftmals die, mit der Tatsache zufrieden zu sein, daß beispielsweise ein technisches Gerät funktioniert. Sie kämen nicht mehr auf die Idee, einen alten Wecker aufzuschrauben, um herauszufinden, wie er innen aussieht, es sei denn, man hätte die Absicht, ihn zu reparieren.

**Wissen und
Kenntnisse
erschließen**

Kinder wollen aber hinter die Dinge schauen, beobachten, tasten und begreifen, was wie geschieht. Die Welt zu entdecken bedeutet, sich Wissen und Kenntnisse zu erschließen. Dazu brauchen sie die Hilfe ihrer erwachsenen Partner und Partnerinnen. Die Unterstützung des Entdeckungsdranges eines Kindes bedeutet, mit ihm gemeinsam Entdeckungen und Erkundungen anzustellen. Es reicht nicht aus, ein Kind nur gewähren zu lassen, wenngleich eine solche Verhaltensweise schon hilfreich ist. Am Beispiel des Wasserhahns würde die aktive Unterstützung von Entdeckungen bedeuten, das Kind anzuregen, die verschiedensten Variationen auszutesten: „Versuch doch zu erreichen, daß das Wasser nur tropft", oder „Kannst du den Hebel so bewegen, daß es ganz langsam wärmer wird?"

Die Förderung der Entdeckungen eines Kindes setzt voraus, mit ihm zusammen Beobachtungen anzustellen. Ob es sich nun um Beobachtungen über Pflanzen und Tiere in der Natur handelt, um ein Lauschen auf Vogelstimmen oder ein Betrachten eines dicken Käfers, oder ob es sich um das Untersuchen von anderen Gegenständen und technischen Geräten handelt, alles ist möglich. Alle Formen von Entdeckungen sind bedeutsam. Wichtig ist auch hier, daß das Entdecken erlaubt ist und der Erwachsene mit seinem Kenntnisvorsprung nicht alle Antworten vorwegnimmt, sondern selbst mitbeobachtet, staunt und entdeckt.

Entdeckungsmöglichkeiten können geschaffen werden im Umgang mit den Elementen wie Erde, Wasser, Feuer und Luft. Sämtliche Methoden beziehen sich hierbei auf den Bereich der sinnlichen Wahrnehmung. Entdeckungsmöglichkeiten sollten Kindern aber auch im Bereich der Technik angeboten und ermöglicht werden. Damit ist nicht die Bereitstellung technischen Konstruktionsmaterials gemeint, sondern die Bereitstellung alltäglicher Apparaturen, die auseinandergeschraubt und untersucht werden können, wie z. B. der bereits oben erwähnte Wecker oder ein ausrangierter Kassettenrecorder und ein altes Telefon.

Entdecken baut auf Experimentieren auf. Wenn Experimentieren auch auf selbstgesuchten und gesammelten Dinge aufbauen darf, dann erweitern sich die Entdeckungsmöglichkeiten und die Vielfalt der zu entdeckenden Gegenstände, denn Kinder suchen und sammeln bevorzugt all jenes, was sie fasziniert und was sie noch nicht kennen.

Förderung der Entdeckungsaktivitäten eines Kindes ist Kreativitätsförderung, weil sie Neugier weckt und Neugier eine wichtige Basis
für die Kreativität ist. Außerdem gewinnt das Kind durch selbständige Entdeckungen eine Erweiterung seines Wissens und seiner
Kenntnisse.

5.4 Erfinden

In den vorangegangenen Kapiteln habe ich die Anleitungen zum
Sammeln, Experimentieren und Entdecken mehr auf Gegenstände
und konkrete Dinge bezogen.

Das Erfinden ist ein Vorgang, der sich auf Situationen bezieht, die
in der Phantasie geboren und durch Imagination entwickelt werden.
Beim Erfinden handelt es sich also um Gedanken, Ideen, Phantasien,
die zunächst durch Sprache zum Ausdruck gebracht werden. Mit Erfinden sind jene Denkoperationen gemeint, die im Bereich von Vorstellung und Phantasie entwickelt werden, denen aber kein konkretes
Handeln folgen muß. Es bleibt im Bereich des sprachlichen Ausdrucks, die Phantasien mitzuteilen.

Im Rahmen ihrer sprachlichen Entwicklung experimentieren Kinder
mit Worten. Sie ahmen Worte und Laute nach. Ebenso formulieren
sie Begriffe, die sie irgendwo aufgeschnappt haben, und wiederholen
sie, ohne ihre Bedeutung zu erfassen. Erwachsene korrigieren die
Aussprache und erklären die Formulierungen. Im Gespräch mit Erwachsenen lernen Kinder durch Nachahmung, ihre Formulierungen
zu verbessern und Wortinhalte zu verstehen. Diese einfache Beschreibung zeigt die Grundzüge der Sprachentwicklung von Kindern.

Im Umgang mit Sprache werden nicht nur Gedanken ausgedrückt, sondern Denkprozesse schlechthin angeregt. Umgekehrt bewirkt die fortschreitende Entwicklung kognitiver Fähigkeiten auch
eine Ausdifferenzierung der Sprache. Denken und Sprechen stehen
in Wechselwirkung zueinander.

Kreativer Umgang
mit Sprache

„Das Wichtigste, was wir über die Entwicklung von Denken und Sprechen beim Kinde wissen, ist die Tatsache, daß etwa um das 2. Jahr die Entwicklungslinien des Denkens und Sprechens zusammenfallen und eine neue, für den Menschen charakteristische Verhaltensform einleiten." (Wygotski, L. S., 1986, S. 88)

Auf der Basis dieser Erkenntnis kann die Förderung von Kreativität durch Erfinden von Wörtern, Geschichten, Formulierungen ansetzen. Der kreative Umgang mit Sprache durch Erfinden kann durch einzelne Wortbildungen geschehen. Beispielsweise können Kinder in einer Gruppe spielerisch angeregt werden, Wörter zu bilden, die „Unsinn" sind wie „Löffelsausebienchen" oder „Grumbelhabevoll" oder „Schlafemischmaschtux". Diese Wörter haben keine inhaltliche Bedeutung, aber in erfundenen Wörtern sind oftmals minimale Bezüge zu bestehenden Ausdrücken zu finden. Daran ist erkennbar, das bei der Erfindung neuer Wörter, die ohne Bedeutung sind, zurückgegriffen wird auf Wortfragmente, die im Sprachgebrauch in anderen Zusammenhängen durchaus eine Bedeutung haben können.

Das Erfinden von Wörtern macht nicht nur Freude und Spaß, sondern vermittelt auch das Gefühl, Sprache selbst entwerfen und gestalten zu können, sie zu verändern. Das Denken und die Phantasie werden angeregt.

Dies bezieht sich auch auf das Erfinden von Geschichten. Auch hier können Erwachsene die entscheidenden Impulse setzen, indem sie Kinder anregen, mit ihnen gemeinsam eine Geschichte zu erfinden, die vollkommen phantastisch ist, jeglicher realitätsbezogenen Logik und aufeinanderaufbauenden Handlung entbehrt. Je unwahrscheinlicher die Geschichte ist, desto besser. Beispielsweise beginnt der Erwachsene: „Stellt euch vor, gestern habe ich mich ganz klein gemacht und bin zwischen die Stacheln eines Igels geklettert. Was meint ihr wohl, was mir dabei passiert ist?"

Die Kinder können nun weitererzählen. Abwechselnd entsteht so eine Phantasiegeschichte, in die Kinder ohne den Druck von Folgerichtigkeit und Logik ihre Phantasien und Formulierungen einbringen können. Erfinden erweitert so die üblichen Begrenzungen des Denkens, indem auch das Unwahrscheinliche, der Unsinn gedacht und formuliert werden darf. So können Worte und Begrifflichkeiten zum Einsatz kommen, derer Kinder sich im alltäglichen Leben weniger bedienen. Vorstellungen können produziert werden, die neu und unüblich sind. Ein solcher Ansatz zur Anregung von Erfindungstätigkeit im Denken und in der Sprache ist frei von der Bewertung, „albern" zu sein.

Erfinden ist also jene kreativitätsfördernde Aktivität, die sich zunächst auf Denken und Sprechen bezieht. Manche Erfindungen können durchaus in Handeln umgesetzt werden – die erfundene Geschichte, die schließlich gemalt oder durch Körperausdruck dargestellt und nachvollzogen wird.

> Der Erfindungsakt ist zunächst eine rein geistige Tätigkeit. Um ihm Ausdruck zu verleihen, kann das Medium der Sprache eingesetzt werden.

5.5 Verändern und Verfremden

Durch sinnliche Wahrnehmung und spielerische Aktivität eignet sich ein Kind die Wirklichkeit an. Durch den Umgang mit Alltagsgegenständen und im Spiel erlernen sie die Handlungsabläufe des Alltags und die Orientierung in der Welt der Erwachsenen.

Bestimmte Nutzgegenstände haben auch eine bestimmte Funktion und werden entsprechend ihrer Funktion immer wieder eingesetzt: Eine Zahnbürste dient dem Zähneputzen, eine Bettdecke dem Zudecken, ein Buch dem Lesen, ein Handtuch dem Abtrocknen usw.

Die Funktion verschiedener Gegenstände zu verändern und zu verfremden bedeutet, einen kreativen Umgang mit den Gegenständen einzuüben und ihren Nutzen über das Maß des üblicherweise Vorgegebenen zu erweitern.

So kann man beispielsweise eine ausrangierte Zahnbürste auch zum Malen verwenden; ein Buch mit festem Einband läßt sich so aufstellen, daß es wie ein Haus mit Spitzdach aussieht; eine Bettdecke läßt sich wunderbar so über die Beine eines umgedrehten Tisches legen, daß eine Höhle entsteht; ein Handtuch läßt sich so um den Kopf binden, daß es einen Verband oder ein Kopftuch darstellt. Die Funktion von Alltags- und Nutzgegenständen zu verändern und zu verfremden heißt, ihnen eine neue Bedeutung und einen neuen Nutzen zu geben, der der jeweiligen besonderen Absicht des Nutzers bzw. des Kindes entspricht. Durch Veränderungs- und Verfremdungsaktivitäten werden neue Möglichkeiten des Gebrauchs von Gegenständen erprobt und eingeübt.

> Die Erfahrung von Veränderbarkeit ist eine wichtige Grunderfahrung, die der Erkenntnis dient, daß Lebensumwelt beeinflußbar und gestaltbar ist. Nichts ist wirklich unveränderlich vorgegeben. Alles ist durch Absicht des Menschen mehr oder weniger veränderbar und gestaltbar. Diese Grunderkenntnis ist wichtig, um sich als aktiv gestaltender Mensch verstehen zu lernen und nicht nur als passives, den Gegebenheiten ausgesetztes Wesen.

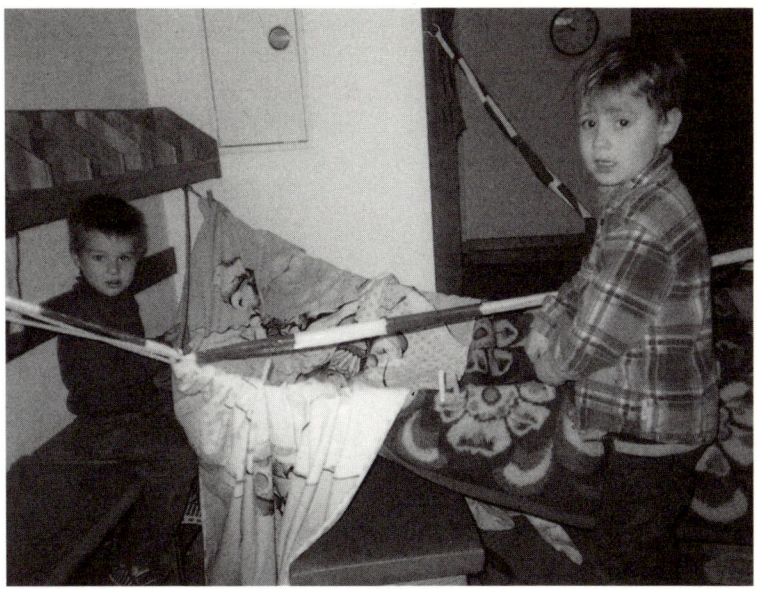

Der Ansatz des Veränderns und Verfremdens zur Förderung von Kreativität setzt voraus, daß Kindern der Zugang zu verschiedenen Gegenständen des Alltags erlaubt ist. Kinder sollten angeregt werden, diese Gegenstände in ihre spielerischen Aktivitäten einzubeziehen. Sie können angeleitet werden, sorgfältig mit den Dingen umzugehen, aber sie müssen sie nutzen dürfen.

In Einrichtungen institutioneller Bildung, Erziehung und Betreuung wie Kindergärten und Kindertageseinrichtungen stellt das große Angebot an Spielmitteln den Einsatz von Nutzgegenständen des Alltags oftmals in den Hintergrund. Es sind zwar Marktstände, Frisierkommoden, Küchengeschirr und Sanitätsausstattungen vorhanden, aber zumeist alle in der Kinderspielzeugvariante, die die Marktanbieter für Kinderspielzeug vertreiben. Solche Spielzeuge, die Alltagsgegenständen nachgeahmt sind, ermöglichen nicht den realitätsbezogenen Umgang mit den Dingen des Alltags. Da sie sehr stark auf ihre Funktion festgelegt und in ihrer Materialausführung wenig realitätsgetreu sind, lassen sie sich auch nicht verändern, verfremden und zu einem neuen Zweck einsetzen.

Beispielsweise läßt sich ein Spielzeugkochtopf aus Plastik nicht umdrehen, um mit einem Holzlöffel auf seinem Boden zu schlagen wie auf einer Trommel. Ein „echter" Kochtopf aus Metall gibt einen Klang, der an ein Instrument erinnern könnte, ein Spielzeugkochtopf aus Kunststoff nicht. Gleiches gilt für die Artikel eines Spielzeugkaufladens. Originalkartons von Waren lassen sich stapeln oder nach einer Weile auch für bildnerisches Gestalten verwenden, indem sie bemalt, beklebt oder sonst irgendwie weiterbearbeitet werden. Die „Produktschächtelchen" eines Spielzeugkaufladens hingegen lassen sich nur für das spezifische Rollenspiel des „Verkaufens" nutzen.

Übertragungsdenken

Verfremden und Verändern spielt auch im bildnerischen Gestalten eine Rolle. Kinder können animiert werden, beispielsweise einen gemalten oder wie auch immer dargestellten Vogel so zu verfremden, daß er entweder nicht mehr erkennbar ist oder eine neue Gestalt erkennbar wird. Verändern und Verfremden bedeutet, die vorgegebene Funktion einer Sache aktiv so zu beeinflussen, daß etwas „Neues" dabei herauskommt. Damit werden die Kenntnisse im Umgang mit Dingen und ihren Funktionen erweitert. Ein Übertragungsdenken wird ermöglicht. Kreative Lösungen ergeben sich aus dem veränderten Nutzen. Kinder können die Vielfalt der Anwendungsmöglichkeiten eines Gegenstandes erfahren und erweitern so ihre Kompetenz im Umgang mit dem Gegenstand.

Auch Naturgegenstände bieten solche Möglichkeiten. Stellen wir uns einen langen Ast vor, der im Wald gefunden und aufgehoben wird. Man kann ihn als Spazierstock verwenden; man kann ihn als Turngegenstand verwenden, indem man ihn auf zwei Stühle legt und ihn überspringt oder drunter herkriecht. Der Ast kann mit einem Messer bearbeitet werden; angespitzt an einem Ende kann er zu einem Indianerspeer oder einem großen Ritzgerät werden, mit dem man Zeichen in den Sand ritzt. Ein Stück Stoff, das an einem Ende angebunden wird, kann aus dem Ast eine Fahne machen. Aufgehängt unter der Zimmerdecke, kann er zu einem Mobile werden, an das andere Gegenstände angehängt werden. Mit Gips bekleistert und schließlich bemalt, kann der Ast zu einer Skulptur, einem Kunstgegenstand verändert werden. Ein Ast, über den zwischen zwei Stühlen eine Decke gehängt wird, dient als First eines Zeltes.

In Verbindung mit Pappkartons oder Holzklötzen kann er die Funktion eines Brückenüberganges erhalten. Zersägt oder zerbrochen in kleinere Teile, kann er zum Bauen in Sand oder mit Bauklötzen benutzt werden.

An diesen Beispielen wird deutlich, wie ein Gegenstand durch Veränderung und Verfremdung die unterschiedlichsten Funktionen erfüllen kann. Da Kinder im Umgang mit Spielzeugen allzu oft daran gewöhnt sind, daß ein Gegenstand nur eine einzige Funktion erfüllen kann, muß man sie zu Verfremdungsaktivitäten anleiten. Das gelingt am besten mit realen Gegenständen aus Natur und Umwelt, die sie sammeln oder die ihnen zur Verfügung gestellt werden und auf deren unübliche Nutzungsmöglichkeiten hingewiesen wird.

5.6 Darstellen

Darstellen ist jene Aktivität, durch die Gedanken, Gefühle, Phantasien und Ideen für andere erkennbar zum Ausdruck gebracht werden. Darstellungen können sich bestimmter Medien bedienen, wie z. B. Stifte, Pinsel und Farbe, um eine Idee durch ein gemaltes Bild darzustellen. Es können auch Konstruktionsmaterialien wie Holz, Klötze oder Draht sein, welche in Kombination zueinander den Eindruck von einem Haus vermitteln. Eine Erzählung kann Erlebtes oder Erdachtes darstellen. Eine Verkleidung und ein bestimmter Körperausdruck kann die Rolle und Verhaltensweise eines anderen Lebewesens darstellen.

Kinder lieben Rollenspiele. Sie verkleiden sich gerne und schlüpfen in die Rolle eines anderen Menschen oder sogar eines Tieres.

Derartige Darstellungen sind symbolische Ausdrucksformen für Wirklichkeiten.

„Bei Symbolisierungen enthalten Rollenspiele hinsichtlich des Darstellungsaspektes eine doppelte Funktion, nämlich erstens die der Selbstdarstellung und zweitens die der Darstellung einer symbolischen Person oder eines symbolischen Ereignisses." (Mogel, H., 1991, S. 147)

Darstellen als methodischer Ansatz der Förderung von Kreativität, bezieht sich sehr stark auf das sogenannte Rollenspiel und das improvisierte Spiel mit dem Körperausdruck.

In Darstellungsformen geschieht eine Selbstgestaltung und Fremdgestaltung zugleich. Nur auf der Basis des Bewußtseins für das eigene Ich läßt sich die Rolle wechseln und besteht die Möglichkeit, in die Rolle einer anderen, fremden Identität zu schlüpfen, um deren Verhalten nachzuahmen, zu erproben und dadurch auch zu verstehen. In der Übernahme und Gestaltung der anderen bzw. fremden Rolle wird neues und ungewohntes Verhalten erprobt und **Ausleben einer** Kreativität freigesetzt. Das kreative Potential des Darstellens liegt **Rolle** darin, die Grenzen von Stereotypen überwinden zu können. Eine andere Rolle hat zwar ein gewisses Profil, durch das die Rolle erkennbar wird, aber das Ausleben und Darstellen aller Details dieser bestimmten Rolle ermöglicht es, sie zu verändern, ihre Klischees zu überwinden und vielfältigere Verhaltensvarianten zu entdecken.

Beispielsweise schlüpft ein Kind in die Rolle einer Katze. Zu diesem Zweck „miaut" das Kind wie eine solche. Dieser Ton entspricht dem festgelegten Stereotyp, das mit „Katze" verbunden wird. Die Darstellung ist durch das „Miauen" schon gelungen, denn andere Kinder erkennen die Repräsentation einer Katze. Kreativitätsförderung geht aber von dem Grundsatz aus, die Grenzen des „Üblichen" in Denken und Handeln zu überwinden und zu erweitern. Also sollte das Kind angeregt werden, darzustellen, wieviel Aspekte die Rolle einer Katze noch haben mag: Sie kann z. B. schnurren, sie hat vier Beine, sie putzt sich mit der Zunge die Pfote und macht manchmal einen Buckel. Ein Kind kann mit seinem Körperausdruck und vielleicht zusätzlicher Bemalung mit Schminke und Verkleidung all die vielfältigen Variationen der Katze darstellen. Dadurch wird die Vorstellungskraft und Phantasie entwickelt und gleichzeitig eine gewisse Kenntnis über die Verhaltensweisen einer Katze herbeigeführt.

> Darstellen ist dann kreatives Handeln, wenn nicht nur eine Rolle nachgeahmt, sondern die Rolle ausgearbeitet und ausgestaltet wird.

Voraussetzung ist allerdings, daß das Rollenverhalten nicht wie bei einem Theaterstück im voraus festgelegt ist. Die Rolle Katze bildet nur einen groben Rahmen für all die spontan einsetzbaren Varianten des Spiels mit der Rolle. Kinder spielen aus eigenem Antrieb Rollenspiele und erproben die damit verbundenen Verhaltensvarianten. Oftmals spiegeln Rollenspiele eigenes Erleben wider. Die Anleitung des Erwachsenen und seine Aufforderung an das Kind, die übernommene Rolle vielfältig und phantasievoll auszufüllen und vielleicht auch unübliches Verhalten einzubringen, erweitern die Darstellungsideen und -möglichkeiten eines Kindes.

Um im Darstellungsbereich Impulse geben zu können, muß der Erwachsene mitmachen, d. h. selbst Rollen übernehmen und andere Identitäten darstellen. Auch hier gilt wieder, daß das Miteinandertun ein wirksamerer Impuls ist als das bloße Anleiten.

5.7 Gestalten

Das freie, bildnerische Gestalten ist ein wichtiger Ansatz für die Förderung von Kreativität der Kinder. Mit freiem Gestalten sind sämtliche Formen des Experimentes im Umgang mit Farben, Papier und dreidimensionalen Materialien wie Ton, Holz, Draht und Gips etc. gemeint. Sie dienen der Schöpfung eines Werkes, das den individuellen Ausdruck eines einzelnen Kindes widerspiegelt. Die in der Vorschulpädagogik so beliebten Bastelarbeiten reichen in keiner Weise an die Bedeutung des freien Gestaltens für die Kreativitätsentwicklung heran. Sämtliche Bastelaktivitäten, und seien sie noch so raffiniert und attraktiv, folgen einem Schema, das Schritt für Schritt nachvollzogen werden muß, um ein vorher schon bekanntes Produkt zu erzielen. Das festgelegte Schema von Bastelaktivitäten widerspricht dem Sinn der Kreativitätsförderung. Denn Kreativität bedeutet, etwas Neues und Originelles aus eigenen Fähigkeiten zu erschaffen. Im kreativen Prozeß ist das Ergebnis offen und noch nicht vorhersehbar.

Ausdruck von Wirklichkeit

Im freien Gestalten haben Kinder die Möglichkeit, eine vielfältige Verwendung von Materialien zu entdecken und zu erproben. Sie können immer wieder neue Kombinationen von Material entdecken, was zu immer neuen Ergebnissen führt. Die so entstandenen Bilder, Objekte und Skulpturen sind Ausdruck ihrer Verarbeitung von Wirklichkeit, ihrer verschiedenen Denkprozesse und ihrer Gefühle.

> *„Ein Bild ist zunächst eine nonverbale Thematisierung von Inhalten, die das Kind bewegen. Gleichzeitig geschieht durch die Herstellung des kreativen Produktes Bild eine Verfremdung und Distanzierung, aber auch Interpretationen des gestalteten Themas. Gleiches gilt auch für Plastiken, die Kinder anfertigen. Es handelt sich um eine Form der Auseinandersetzung mit Lebenswirklichkeit."* (Braun, D., 1998, S. 40)

Im freien, bildnerischen Gestalten erleben Kinder ihre eigene Fähigkeit, neue Produkte schaffen zu können. Sie eignen sich Wirklichkeit nicht nur an und reagieren darauf, sondern sie gestalten und verändern sie oder verändern eine bestimmte Form von Wirklichkeit.

Indem Kinder ein abstraktes Bild oder eine abstrakte Skulptur kre-
ieren, schaffen sie ein reales Objekt, das vorher noch nicht existent
war, das ihrer Schöpfungsphantasie entsprang und auf das die Umwelt in verschiedener Weise reagiert. Bilder und Objekte von Kindern, die in ihrem unmittelbaren Lebensbereich aufgehängt und auf-
gestellt werden, sind kreative Produkte, mit denen Kinder einen Teil
zur Gestaltung und Veränderung ihrer direkten Lebensumwelt beitragen.

> *„Ein Kinderkunstobjekt ist also nicht nur ein kreatives Produkt, weil
> es das Ergebnis eines kreativen Prozesses ist, sondern auch, weil es
> die individuelle Darstellung eines ganz individuellen Bedeutungs-
> universums ist, das das Kind neu geschaffen hat, indem es neue Zu-
> sammenhänge gebildet, seine Wirklichkeit und Weltsicht formuliert
> hat, aber nicht nur als Abbildung, sondern auch als Verfremdung,
> Veränderung, buchstäblich Gestaltung dieser Wirklichkeit und Welt-
> sicht."* (Braun, D., 1998, S. 40–41)

Freies experimentelles Gestalten ist also ein unverzichtbarer Ansatzpunkt der Kreativitätsförderung. Zugunsten dieses freien Gestaltens können sämtliche Bastelanleitungen und -aktivitäten aufgegeben werden, denn sie machen für die Entwicklung der Kreativität keinen Sinn. Das gestalterische und auf abstrakten Ausdruck angelegte Experimentieren mit verschiedenen Materialien ist der Ausgangspunkt für kreative gestalterische Prozesse. Dazu bedarf es neben Farben, Pinseln, Papier, Klebstoff, Draht auch der Materialien wie Holz, Gips, Ton, Sand und Steine. Erzieherinnen und Kinder sollen es mutig erproben, verschiedene Materialien auf unübliche Weise miteinander zu verbinden, zu bemalen, zu verkleben, zu bearbeiten, ohne vorher genau zu wissen, welches Produkt dabei entstehen mag. Das Abenteuer des kreativen Gestaltungsprozesses entfaltet sich im Prozeß selbst und in der Unvorhersehbarkeit des Ergebnisses. Auch bei diesem Ansatz bedeutet Kreativitätsförderung, daß Erwachsene mit Kindern zusammen gestalten. Sie sollen nicht nur anleiten, wie eine Technik funktioniert, sondern sollen selbst mitmachen, selbst Kombinationen von Farben und Material erfinden, sollen sich selbst überraschen lassen können von dem unvorhersehbaren Ergebnis.

6 Die Bedeutung von Spielmitteln und Spielzeugen für die Entwicklung von Kreativität

Spielen ist eine typisch kindliche Aktivität, durch die Erkenntnisse gewonnen und Verhaltensweisen erprobt werden. Schäfer (1995) bezeichnet diese Aktivität als „Zentrum der kulturellen Tätigkeit" des Kindes. Damit gewinnt Spielen Bedeutung im kulturellen Rahmen einer Gesellschaft und ist nicht nur Merkmal individueller Entwicklung und Lebensbewältigung. Die Anforderungen, die die Spieltätigkeit an die Sinne, an Konflikt- und Problemlösungsfähigkeit, an soziale Kooperation, an die Ausdrucksfähigkeit von Emotionen sowie an Denk- und Handlungsprozesse stellt, sind unverzichtbar für die Entwicklung eines Kindes. Spieltätigkeiten beziehen sich auf den eigenen Körper, auf Gegenstände, Tiere, andere Menschen und Situationen. Die Entwicklung von Spielaktivitäten ist natürlich verbunden mit Reifung und Entwicklung von Motorik, Wahrnehmung, Denken und Sozialverhalten.

> „Umweltfaktoren haben einen beträchtlichen Einfluß auf die inhaltliche und formale Spielentwicklung. Vor allem werden dem Rollenspiel des Kleinkindes, aber auch dem Konstruktionsspiel durch die Umwelt Anregungen gegeben. Umweltfaktoren können das Spiel und die Spielentwicklung fördern oder behindern." (Schraml, W., 1990, S. 358)

Mit dem Begriff „Spielen" wird der Umgang eines Kindes mit den Objekten und Situationen sowie Menschen seiner Umwelt beschrieben. Spielen ist eine Handlung, die im Gegensatz zum realitätsbezogenen und zweckorientierten Handeln des Erwachsenen keinem Zweck unterworfen ist. Das heißt, Spielen ist zwar zielorientiert, wird von Kindern aber nicht als Mittel zur Erreichung bestimmter Zwecke eingesetzt und genutzt. Ein Kind beginnt nicht mit einem Spiel, *um* dafür beispielsweise mit Geld oder Süßigkeiten oder einem Ausflug belohnt zu werden.

Symbolobjekte für das Spiel

Objekte der Umwelt und auch der eigene Körper sind Mittel zum Spiel, also *Spielmittel*. Dabei handelt es sich um dingliche Objekte der äußeren Welt, deren Funktionen und Möglichkeiten ins Spiel integriert werden und deren Bedeutung durch die Spielhandlung verstanden wird. Symbolobjekte sind Spielmittel, die ebenfalls Objekte der äußeren Welt darstellen, aber in der Spielaktivität verwandelt werden. Beispielsweise können Holzklötze dazu dienen, einen Turm zu bauen, sie können aber auch symbolisch als Gold in einer Schatzkiste eingesetzt werden.

Im Gegensatz zu den Spielmitteln, die zum Spielen in realer oder symbolischer Funktion eingesetzt werden, handelt es sich bei *Spielzeugen* um eigens für Kinder geschaffene Objekte, die eine bestimmte Sicht von Wirklichkeit abbilden, von der geglaubt wird, daß sie dem Kind und seinen Bedürfnissen bzw. seiner Akzeptanz entsprechen. Spielzeuge sind also konfektionierte, d. h. zumeist fabrikmäßig hergestellte Waren, die Kindern zum Spielen angeboten werden.

„Spielzeug ist das zum Spielen hergestellte Zeug." (Fritz, J., 1989, S. 9)

Beispiele für Spielzeuge sind Puppen, Autos, Bauklötze, Legosteine, Puzzle, Tischspiele etc. Die Aufzählung der Spielzeuge ließe sich auf mehreren Seiten fortführen. Aber allein schon diese kurze Aufzählung läßt erahnen, daß es offensichtlich unterschiedliche Qualitäten bei Spielzeugen gibt. Da ich nun nicht das Thema der Qualität von Spielzeugen behandeln, sondern die Bedeutung von Spielobjekten für die Kreativitätsförderung entwickeln will, möchte ich nur darauf aufmerksam machen, daß einige Spielzeuge in ihrer Ausführung sehr festgelegt sind und nur eine einseitige Spielfunktion erfüllen, während andere Objekte weniger festgelegt und damit weniger festlegend für den Spielverlauf sind. In ihrer Funktion einseitig festgelegte Spielzeuge sind auch festlegend für Spielverlauf und Spielinhalt. Ein Puzzle beispielsweise läßt sich durch seine vorgegebene Form, Farbe und Abbildung nur zusammensetzen und wieder auseinandernehmen. Seine Einzelteile für eine andere Spielvariante einzusetzen, bietet sich einfach durch die festgelegte Funktion des Puzzles nicht an. Ähnliches gilt für viele andere Spielzeuge, besonders jene, die einen gewissen Modetrend repräsentieren und zudem noch an kommerzielle Me-

dieninformationen, wie z. B. Filme und Fernsehserien, gebunden
sind. Hierzu gehören die Trendspielzeuge wie „Power-Rangers-Figu-
ren" und „Regenbogenpferde". Diese Spielzeuge lassen sich so gut wie
gar nicht symbolisch verwandeln und in einen völlig neuen Spielzu-
sammenhang stellen. Im Gegensatz dazu sind Bauklötze geeignet, die
verschiedensten Konstruktionen zu ermöglichen und im Rollenspiel
oder anderen Aktivitäten unterschiedliche Symbolfunktionen für das
Spiel zu übernehmen. Ich habe noch nie beobachtet, daß ein Regen-
bogenpferd als Ware in einem Kaufladenspiel eingesetzt wird oder
eine Power-Ranger-Figur beim Rollenspiel das Baby in der Wiege repräsentiert hätte, und ein Puzzle wird kaum als Mittel zur Darstellung
der Szenerie einer Eisenbahnlandschaft benutzt.

Was mit diesen Beispielen verdeutlicht werden soll, ist, daß vor
allem die konfektionierten Spielzeuge, je nach ihrer Konstruktion
und den damit für den Spielverlauf suggerierten Inhalten, die vielfältigen Möglichkeiten des Spielens einschränken können. Wenn aber
im Spielen eine Aneignung von Wirklichkeit, eine Entfaltung von
Fähigkeiten und eine Erweiterung von Erkenntnissen geschieht,
dann haben die zur Verfügung stehenden Spielobjekte der Umwelt

auch einen Einfluß auf die Spielinhalte und den Spielverlauf und die damit verbundene Entwicklung des Kindes durch Spiel.

In bezug auf die Kreativitätsförderung läßt sich daraus schließen, daß Spielen eine wichtige Aktivität im Dienste der Kreativitätsentwicklung eines Kindes ist.

> Spielen als Aktivität im Umgang mit sich selbst, mit Menschen, Tieren und Objekten der Umwelt fördert und ermöglicht kreative Prozesse, unterstützt schöpferisches Denken, Phantasie und Imagination und regt zu Problemlösungsprozessen an, die neu und ungewöhnlich sind.

Spielen ist eine spezifisch menschliche, schöpferische Aktivität, wie schon in den 50er Jahren von Kulturphilosophen wie z. B. Huizinga bemerkt wurde (vgl. Huizinga, J., 1956).

Auf dieser Grundlage aufbauend, müssen Spielmittel und Spielzeuge wieder kritischer betrachtet werden. Es liegt die Schlußfolgerung nahe, daß je festlegender und einseitiger in ihren Einsatzmöglichkeiten Spielzeuge sind, sie desto weniger das kreative Potential unterstützen, das sich im Spielen entfalten kann. Spielmittel hingegen, als Objekt des täglichen Lebens und Materialien aus Umwelt und Natur, sind Gegenstände, die sich symbolhaft und eher verwandelbar in vielfältigen Spielsituationen unterschiedlich nutzen lassen.

Wie in den vorigen Kapiteln verdeutlicht wurde, unterstützt das Verändern, Verfremden, Experimentieren, Sammeln, Entdecken und Gestalten die kreativen Prozesse, die der Entwicklung kreativer Fähigkeiten dienen. Sicherlich gibt es auch konfektionierte Spielzeuge, wie z. B. jegliches Konstruktionsmaterial, die diesem Anspruch gerecht werden.

Schöpferische Funktion von Spielmitteln

Es geht hier nicht um eine Verteufelung konfektionierter Spielzeuge und um eine Belobigung der Spielmittel als Objekte aus der Umwelt. Aber es geht darum, im Sinne der Förderung von Kreativität ein kritisches Augenmerk auf die möglicherweise festlegende Funktion bestimmter Spielzeuge zu werfen im Gegensatz zur schöpferischen Funktion von Spielmitteln. Die Bedeutung des gezielten

Angebotes von Spielobjekten für Kinder im professionell erzieherischen Bereich sollte nicht unterschätzt werden, und die Möglichkeiten der Kreativitätsförderung durch die Anreize, die veränderbare und gestaltbare Objekte der Umwelt als Spielmittel bieten, sollten bewußt und absichtlich genutzt werden.

Im Rahmen der bekannt gewordenen Projekte „Spielzeugfreier Kindergarten", z. B. in Penzberg, wurde die Bedeutung eines Überangebotes an Spielzeugen in Kindergärten unter dem Aspekt Suchtprävention kritisch diskutiert (vgl. Dokumentation des Projektes bei Aktion Jugendschutz Landesarbeitsstelle Bayern e.V.).

Zentraler Ausgangspunkt der wissenschaftlichen Begleituntersuchung zu diesem Projekt war die Frage nach der Menge des angebotenen Spielzeuges, nicht nach seiner Qualität. Hier hat es erstaunliche Ergebnisse dazu gegeben, daß bei Wegfall oder Reduzierung des konfektionierten Spielzeuges Kinder vermehrt begannen, in ihrem Spielverhalten auf Objekte des Alltags und der Natur zurückzugreifen, die sie als Spielmittel nutzten, indem sie deren reale oder symbolische Funktion in ihre Spielaktivitäten einbezogen. Aus den Beobachtungen ergab sich, daß Kinder durch die Reduzierung angebotener Spielmaterialien weitaus mehr Phantasie und Kreativität in ihrem Spielverhalten entwickelten, was zu mehr Selbstbestätigung und Selbstbewußtsein führte (vgl. „Das Projekt Spielzeugfreier Kindergarten" in: Theorie und Praxis der sozialen Arbeit – Spezial, Bonn, I–II , 96).

Auch im Zehnten Kinder- und Jugendbericht der Bundesregierung ist formuliert:

> *„Immer wieder wird vor der Gefahr gewarnt, daß Kinder, die sich teure Spielmoden nicht leisten können, ausgegrenzt werden und daß ein Zuviel an Spielmaterial ihre Möglichkeiten einschränkt, sich mit der Welt auf eine kindgemäße Art auseinanderzusetzen."* (1989, S. 49)

Wenn nun die Reduzierung der Spielzeugmenge einen außerordentlichen Schub für die Entfaltung von Phantasie und Kreativität bewirken kann, dann ist in einem weiteren Schritt die Konsequenz zu ziehen, daß die Qualität des Angebotes an Spielmaterialien den Kriterien zur Förderung von Kreativität weitestgehend entsprechen sollte.

Die Spielmittelforschung hat unter Berücksichtigung verschiedener Ansätze Wirkungen, Risiko und Nutzung von Spielmitteln unter gesellschaftlichen, pädagogisch-entwicklungspsychologischen, tiefenpsychologischen und moralischen Aspekten untersucht (vgl. Fritz, J., 1989).

Kombinations-möglichkeiten

Unter dem Aspekt der Förderung von Kreativität durch Spielmittel muß noch einmal der kreative Prozeß betrachtet werden. Auf einer Vielfalt gesammelten Materials und zusammengetragener Ideen baut das Kombinationsdenken und Handeln auf, das letztlich zum kreativen Produkt führt. Wenn durch Spielmittel kreative Prozesse angeregt werden sollen, dann müssen die Spielmittel das entscheidende Kriterium der Kombinationsmöglichkeit erfüllen. Am Beispiel der Fröbelbausteine wird deutlich, was damit gemeint ist. Sie bestehen aus Einzelelementen, die beliebig miteinander kombinierbar sind. Ob wenige oder viele Einzelteile verwendet werden, ob sie kombiniert werden mit anderen Objekten, alle Varianten der Nutzung dieses Materials sind im Spielverlauf möglich. Immer gelangt man zu einem gewissen Endprodukt, und in allen Stadien der Konstruktionsaktivitäten sind die Ergebnisse veränderbar. Einen weiteren Aspekt, den die Bausteine erfüllen, nennt Fritz, indem er auf die „Armut" des Ausgangsmaterials hinweist:

„Die ‚Armut' des Ausgangsmaterials – keine bestimmten Formen, keine Farben, keine Rundungen, nur Würfel und Quader – regt die Kinder an (man könnte auch sagen: zwingt sie), alles sie Interessierende in die ‚Bauwerke' hineinzusehen, mit Phantasie das auszugleichen, was das Material nicht bietet." (Fritz, J., 1989, S. 31)

Die Reduziertheit des Materials und seines Designs ist ein wichtiges Merkmal für Spielmittel, die Phantasie und Kreativität fördern. Solche Materialien legen den Spielverlauf nicht durch ihre äußere Erscheinungsform und die damit verbundene Anreizbildung fest. Sie bieten daher viele Varianten und Kombinationsmöglichkeiten für das Spiel. Zusätzlich zur Reduziertheit ist die Veränderbarkeit von Material wichtig. Diese Veränderbarkeit mag sich aus seiner Form, seinen kombinierbaren Elementen und seiner Beschaffenheit (wie z. B. Knetmassen und Ton) ergeben.

Aus den Ausführungen wird deutlich, daß sowohl die Menge als auch die Art der Spielobjekte, die Kindern zur Verfügung stehen, eine Auswirkung auf die Entfaltung ihrer Phantasie und Kreativität haben. Die Verantwortung für die Auswahl der Spielmittel liegt zum großen Teil bei den Erwachsenen, denn sie entscheiden zumeist über den Erwerb eines Spielzeuges und damit über seine Auswahl. Diese ist oftmals schwierig, weil viele Aspekte über die Qualität von Spielmitteln miteinander verglichen und abgewogen werden müssen. Außerdem erfüllt nicht jedes Spielzeug alle positiven Aspekte und auch nicht alle negativen Aspekte. Viele Spielmittel beinhalten eine Mischung förderlicher und hinderlicher Aspekte für die Kreativitätsförderung.

Variations-möglichkeiten

Dennoch kann man zur Entscheidung über die Wahl eines Spielobjektes von einer Grundfrage ausgehen: Wieviel verschiedene, veränderte und auch verfremdete Spielvarianten fallen mir selbst als Erwachsenem zu einem Spielobjekt ein. Läßt sich die Frage leicht mit einer Fülle von Möglichkeiten beantworten, dann ist die Wahrscheinlichkeit recht hoch, daß auch Kindern viele Varianten zu dem entsprechenden Spielmaterial einfallen werden. Andererseits läßt sich auch die Schlußfolgerung ziehen, daß der betreffende Erwachsene viele kreative Ideen hat und dies noch keine Rückschlüsse auf die Qualität des Spielmittels erlaubt. Aber auch diese Logik ist bedeutsam, denn sie gibt einen Hinweis auf die Rolle des Erwachsenen. Ist dieser fähig, neue, originelle und kreative Ideen und Handlungen zu produzieren, wird er wichtige kreative Impulse für Kinder setzen können und mit ihnen zusammen selbst mit den stupidesten Spielmitteln noch kreative Prozesse in Gang setzen können. Die initiierende Rolle der Erwachsenen soll im nächsten Kapitel ausführlicher behandelt werden.

7 Die Rolle der Erwachsenen

Erziehung geschieht in einem Beziehungsgefüge zwischen Erwachsenen und Kindern. Dieses Beziehungsgefüge ist von Kommunikation und Handeln geprägt. Das heißt, durch Kommunikation und Handeln in Verbindung zueinander und Wechselwirkung miteinander geschieht Erziehung. Erwachsene definieren Erziehungsziele und -inhalte und versuchen, sie durch geeignete Methoden umzusetzen und zu erreichen. So ist das Verhalten der Erwachsenen für erzieherische Situationen von zentraler Bedeutung. Sie sind für Kinder nicht nur Leitbilder und Vorbilder, sondern auch die Initiatoren ihrer Lebenssituation und ihrer Entwicklungsmöglichkeiten.

Leitbilder   Die Rolle der Erwachsenen hat auch bei der Kreativitätsförderung eine zentrale Aufgabe, denn die Förderung der Kreativität des Kindes ist in das gesamte Erziehungsgeschehen eingebettet. Durch die Handlungsweisen, Interessen, persönlichen Einstellungen und die Leitbildfunktion des erwachsenen Menschen werden Kinder in allen Bereichen ihres Denkens, Handelns und Fühlens mitgeprägt. Lernen am Modell ist eine der wichtigen Lernformen bei Kindern, neben den Lernformen durch Versuch und Irrtum, durch Einsicht und durch Erfahrung.

Merz definiert das Lernen – im weiteren Sinne – als relative Änderung von Verhaltensmöglichkeiten durch Erfahrung (Merz zit. n. Schraml W. J., 1990, S. 250).

> Die Rolle des Erwachsenen im Bereich der Kreativitätsförderung liegt also darin, Kindern Lernprozesse zu ermöglichen, durch die sie ihre Fähigkeiten und Fertigkeiten entwickeln und ihre Bedürfnisse befriedigen können.

Sicherlich gibt das Kind in seiner Neugier und seinem Bedürfnis nach Eroberung der Lebensumwelt hierzu oftmals selbst den Anstoß und zeigt sich aus seiner eigenen Entwicklungsdynamik heraus bereit, den nächsten Entwicklungsschritt zu tun. Dennoch braucht es den Erwachsenen als partnerschaftlichen Begleiter und Impulsgeber für seine Entfaltung.

Die Rolle der Erwachsenen im Erziehungsgeschehen und hier im besonderen Bereich der Kreativitätsförderung muß eine aktive Rolle sein. Doch was heißt das? Das aktive Handeln von erwachsenen Menschen ist geprägt von Wertvorstellungen, Einstellungen, Meinungen, Interessen und Bedürfnissen. Diese fließen in das erzieherische Handeln ein. Beispielsweise führen besondere Freizeitinteressen von Eltern, wie z. B. Reiten, Tennisspielen oder Skifahren dazu, daß ihre Kinder früh mit diesen Aktivitäten in Berührung kommen und diese Sportarten eher erlernen, als Kinder, deren Eltern dazu keinen Bezug haben. Ähnliches ist bei der religiösen Erziehung zu beobachten. Kinder, deren Eltern ihre Religion intensiv ausüben, haben auch über die Eltern Kontakt zu der jeweiligen religiösen Gemeinschaft. Das bedeutet, daß die Interessen, Neigungen und individuellen Aktivitäten, zu denen Erwachsene einen persönlichen Bezug haben, Kindern eher nahegebracht werden als jene, zu denen der erwachsene Mensch keine oder nur wenige, persönliche Bezüge aufgebaut hat.

Interessen Selbst im Rahmen professionellen erzieherischen Handelns wie in Kindergärten, Kindertageseinrichtungen und Horten gibt es unterschiedliche Interessen von Erziehern und Erzieherinnen, die sich in den schwerpunktmäßigen Aktivitäten mit den Kindern widerspiegeln. So gibt es z. B. Erzieherinnen, die selbst ein Musikinstrument spielen oder Musik sehr lieben und daher im musikpädagogischen Bereich mehr Aktivitäten mit den Kindern ihrer Gruppe durchführen als andere Kolleginnen des Teams, die zur Musik keinen besonderen Zugang haben. Andere Erzieherinnen legen großen Wert auf Bewegungserziehung, weil sie sich selbst sportlich betätigen usw.

Es wird deutlich, daß das Handeln der Erwachsenen im Erziehungsprozeß neben objektiven Erkenntnissen über wünschenswerte Erziehungsziele, -inhalte und -methoden auch und entscheidend von seinen subjektiven Interessen, Vorlieben, Einstellungen und Fähigkeiten geprägt ist.

Daraus folgt, daß es zur Unterstützung der Kreativität des Kindes eines möglichst kreativen Erwachsenen bedarf, der sich selbst als of-

fen, flexibel, originell und problemlösend versteht und genauso, wie
er es vom Kind erwartet, bereit und in der Lage ist, sich auf neue,
unbekannte Dinge und kreative Prozesse einzulassen. Ein erwachsener Mensch kann ebenso wie die Kinder seine eigene Kreativität entwickeln und entfalten und kreative Verhaltensweisen erlernen. In
dem dynamischen Beziehungsgefüge mit Kindern können nicht nur
die Kinder von den Erwachsenen lernen, sondern auch und ganz besonders die Erwachsenen von den Kindern. Das Entdecken von
Kreativität wird dann zu einem gemeinsamen Abenteuer, auf das
Kinder und Erwachsene sich gemeinsam einlassen. Dazu bedarf es
allerdings der Fähigkeit und in gewisser Weise des Mutes, die Posi-
tion des erwachsenen Wissens- und Kenntnisvorsprungs zu verlassen
und wieder wie ein Kind Neugier zu entwickeln, Fragen zu stellen,
Versuche anzustellen und auf Vorausplanung in gewisser Weise zu
verzichten.

Erzieherinnen und Erzieher müssen nicht immer „Manager" der
Spielsituation sein, indem sie eine vorbereitete Umgebung organisieren, geeignete räumliche Bedingungen schaffen, geeignete Spielmittel
zur Verfügung stellen und situationsorientierte Erfahrungsmöglich-
keiten anbieten oder sonstige „Angebote" machen. Es ist auch wichtig, daß sie sich in direkter Interaktion mit den Kindern auseinander-
setzen und Beziehung aufbauen. Das Wort Angebot signalisiert
positiverweise Freiwilligkeit, im Gegensatz zu den noch Anfang der
70er Jahre üblichen durchstrukturierten Tages- und Wochenplänen
mit Beschäftigungsaktivitäten, an denen sich alle Kinder beteiligen
sollten. Durch ein gewisses Angebot sollen Kinder motiviert werden,
sich freiwillig zu engagieren und zu beteiligen. Sie haben die Möglichkeit, ein Angebot anzunehmen oder es zu unterlassen. Dieses Prinzip
der Motivation zu Aktivität durch Anreizbildung und Freiwilligkeit
ist ein wichtiges Element der Erziehung, durch das Kinder Selbststeuerung und Selbständigkeit erwerben und erproben können.

Beziehung schaffen   Andererseits kann eine überbetonte „Angebotspädagogik" zu Un-
verbindlichkeit führen und das Beziehungsgefüge zu den einzelnen
Kindern, das durch Kommunikation und Interaktion entsteht, beeinträchtigen. Beispielsweise bedeutet das Angebot eines Maltisches
noch lange nicht, daß die Erzieherin bei den Kindern sitzt und selbst
ein Bild für sich oder mit den Kindern malt. Das Angebot einer Ver-

kleidungsecke bedeutet auch nicht, daß die Erzieherin sich hin und wieder, außer zu Karneval, selbst verkleidet, in der Bauecke baut, in der Rollenspielecke einmal das schreiende Baby einer Familie spielt oder auf einem Spaziergang selbst beginnt, Stöcke zu sammeln, oder im Sommer im Sandkasten liegt und sich einbuddeln läßt.

So oft fordern Kinder Erwachsene mit den Worten „Spielst du mit mir?" auf, mit ihnen gemeinsam etwas zu tun. Wann fragt eigentlich ein Erwachsener ein Kind einmal: „Spielst du mit mir?" Kinder brauchen begleitende Partner und nicht nur Organisatoren ihrer Aktivitäten.

> Eine Erziehung, die die Kreativität von Kinder fördern will, bedarf erwachsener Persönlichkeiten, die nicht nur Möglichkeiten der Kreativitätsförderung für Kinder *anbieten* oder kreative Ausdrucksformen, Prozesse und Problemlösungen *zulassen* und akzeptieren, sondern gemeinsam mit den Kindern kreativ tätig werden.

Angebote für kreative Erfahrungen können parallel zur direkten Aktivität mit dem Kind durchaus erfolgen, indem Materialien und Methoden angeboten werden, die die Kreativität der Kinder begünstigen. Aber die direkte Aktivität mit den Kindern zusammen darf nicht vernachlässigt werden.

Zur Förderung von Kreativität bei Kindern bedarf es des Perspektivenwechsels und der Überzeugung, daß die Kreativität eine Lebensgestaltungskompetenz ist und nicht nur mit gestalterischen Aktivitäten und Fähigkeiten zu tun hat. Außerdem muß der erwachsene Mensch seine eigene Kreativität reflektieren und sie gegebenenfalls entwickeln, um die entsprechende Leitbildfunktion für Kinder erfüllen zu können. Diese Kreativität muß im aktiven Handeln und Mitmachen den Kindern deutlich werden. Dazu bedarf es des Verzichtes auf den Wissens- und Erfahrungsvorsprung, den Erwachsene vor den Kindern haben. Sie müssen Partner und Partnerinnen von Kindern werden, indem sie mit ihnen zusammen die Welt entdecken. Darüber hinaus muß der Erwachsene als Partner des Kindes kreative

Prozesse durch geeignete Methoden, pädagogische Interventionen, Raumgestaltung und Materialangebot initiieren und unterstützen.

Die Originalität und Flexibilität von Kindern bei der Erbringung kreativer Leistungen und Produkte muß durch Kommunikation positiv verstärkt und gewürdigt werden. Blockierende Faktoren für die Kreativitätsentwicklung müssen zugunsten förderlicher Faktoren weitestgehend vermieden werden. Der kreative Erwachsene und sein Verhalten sind das Leitbild für die Entfaltung der Kreativität beim Kind.

II. Teil
Praktische Umsetzung

1 Einleitung

In dem nun folgenden praktischen Teil sollen Techniken beschrieben werden, die Impulse für die Entwicklung kreativer Aktivitäten bei Kindern sein können. Sie beziehen sich auf die im theoretischen Teil angesprochenen Bereiche des Suchens und Sammelns, des Experimentierens, des Entdeckens, des Erfindens, des Veränderns und Verfremdens, der Darstellung und des Gestaltens. Es sind methodische Anstöße, die bewußt nicht in Form einer detaillierten Anleitung ausgearbeitet sind, denn sie sollen nur wie der Schneeball sein, der eine Lawine auszulösen imstande ist. Damit meine ich, daß das Ergebnis aller beschriebenen Ansätze variabel und offen ist, denn die Kinder sollen die Anregung auf ihre Weise aufgreifen und ausgestalten. Ziel aller praktischen Ansätze ist die Förderung möglichst origineller und vielfältiger Einfälle der Kinder. Die beschriebenen Ansätze beziehen sich vorzugsweise auf Nutzgegenstände des Alltags und Naturmaterialien, damit sich Kreativität in ganz konkreten Wirklichkeitsbezügen entfalten kann. Sie können abgewandelt und verändert werden und verstehen sich als Hinweis oder mögliche Ideen für Erwachsene, wie sie mit Kindern zusammen kreative Erfahrungen machen können. Sie sind von mir und in Zusammenarbeit mit anderen Erzieherinnen anläßlich verschiedener Fortbildungen erfunden und entworfen worden. Das schließt aber nicht aus, daß sie nicht vielleicht teilweise schon bekannt sind. Auch hier gilt, daß das, was ich persönlich als von mir neu entdeckt ansehe, nicht auch objektiv völlig neu ist, sondern vielleicht schon einmal an anderer Stelle erwähnt und erprobt wurde.

Offene Methoden Die vorgestellten praktischen Beispiele sollen alle pädagogisch tätigen Erwachsenen ermutigen, sich selbst weitere Methoden, Spiele, Anlässe und Ideen auszudenken. Wichtigstes Kriterium dabei ist, daß sie so wenig festlegend und so offen wie möglich sind, also Gestaltungsspielraum geben. Vor Beginn einer kreativen Aktivität sollte das Ergebnis auch für den Erwachsenen noch nicht feststehen. Es muß eine Art Überraschung für ihn selbst und natürlich für die Kinder bleiben. Deshalb werden nur Wege und Möglichkeiten für kreative Aktivitäten beschrieben und darauf aufbauend weiterführende Variationen benannt, um die verschiedenen Abwandlungsmöglichkeiten zu verdeutlichen.

2 Anregungen zur Kreativitätsförderung

2.1 Ansätze fürs Suchen, Sammeln und Experimentieren

Wie schon im theoretischen Teil beschrieben, erweitern Such- und Sammelaktivitäten die Wahrnehmung und die Kreativität von Kindern. Es ist allerdings wichtig, mit den gesammelten Gegenständen auch etwas anzufangen, sie zum Experimentieren zu benutzen. Daher werden bei den folgenden Methoden die Orte beschrieben, an denen etwas zu finden ist, und welche Möglichkeiten des Experimentierens die Gegenstände bieten könnten. Es sind nur einige Ideen, die als Anregung verstanden werden wollen und natürlich in der Praxis weiterentwickelt werden sollten.

Sämtliche Fundstücke können täglich in Spiel- und Konstruktions- oder Gestaltungsaktivitäten einbezogen werden. Es ist den Ideen der Kinder überlassen, wie sie das machen. Wichtig ist, daß solche Fundstücke vorhanden sind und die Kinder wissen, wo diese aufbewahrt werden, falls sie nicht sofort ins Spiel einbezogen werden. Deshalb sollte man, vorzugsweise vielleicht im Außengelände, ein Materiallager anlegen, zu dem die Kinder jederzeit Zugang haben und in dem sie, etwa nach Art der Materialien geordnet, ihre gesammelten Rohstoffe wiederfinden können, um sie bei Bedarf in ihre Aktivitäten einbeziehen zu können.

Die im folgenden Text beschriebenen Fundorte sind sicherlich etwas ungewöhnliche Orte für Sammelaktivitäten der Kinder, wie z. B. eine Baustelle, ein Schrottplatz, eine Recyclingfirma, ein Steinbruch. Aber dennoch ermöglicht das Sammeln von Fundobjekten an solch ungewöhnlichen Orten eine weitere pädagogische Zielsetzung: Kinder lernen Produktionsbereiche aus der Welt der Erwachsenen kennen; sie entdecken sie mit eigenen Augen. Die dort gefundenen und mitgenommenen Materialien werden mit den beobachteten Arbeitsprozessen in Verbindung gebracht, und es ist gar nicht so unwahrscheinlich, daß sich daraus neue Spielimpulse ergeben, sowohl was die Bearbeitung der Fundstücke und der experimentelle Umgang mit ihnen betrifft als auch deren Einbeziehung in Rollenspielinhalte.

Der in Kindertageseinrichtungen mittlerweile übliche Besuch von Polizei und Feuerwehr hinterläßt bei Kindern sicherlich einen Eindruck aus der Welt der Erwachsenen. Doch können sie von dort nichts mitbringen. Gegenstände, die aber von einem bestimmten Ort mit einem bestimmten Zweck mitgebracht werden, halten nicht nur die Erinnerung wach, sondern ermöglichen durch ihren Einbezug in kindliche Aktivitäten auch noch im nachhinein ein Nachklingen der Erlebnisse, ein Nachspielen und Nachempfinden im Umgang mit den Objekten und damit eine Verarbeitung und Aneignung von Wirklichkeit. Grundsätzlich ist jede Produktionsstätte und Firma als Fundort für Gegenstände geeignet, vorausgesetzt in dieser Produktionsstätte gibt es Materialien, von denen keine gesundheitliche Gefahr ausgeht.

Fundort Wald

Im Wald lassen sich ganz viele, mittlerweile auch schon übliche Sammelaktivitäten durchführen. Man kann folgendes finden und sammeln: kleine Stöcke, große Stöcke, Tannenzapfen, Tannennadeln, Rindenstücke, Blätter, Tannenzweige, Birkenzweige, Walderde, Moose, Farnblätter und Wurzeln, Eicheln, Kastanien usw. Am besten ist, man geht zum Suchen und Sammeln in den Wald und nimmt einen Handkarren mit, in den alle Fundstücke abgeladen werden können. So haben die Kinder für die Sammelaktivitäten immer wieder die Hände frei. Die Fundstücke werden mit in die Einrichtung genommen, und dort wird an einer gut zugänglichen Stelle ein Materiallager eingerichtet (vielleicht in einer Ecke des Außengeländes oder in einem speziellen Raum im Innenbereich).

Anregungen an die Kinder
- Man kann aus Stöcken kleine Häuser bauen.
- Man kann aus den Materialien eine Landschaft aufbauen.
- Man kann aus Wurzeln und Stöcken Höhlen und Burgen bauen.
- Man kann ein „Indianerlager" oder ein „Wildgehege" herstellen.

- Kinder werden angeregt, eine Hütte zu bauen.
- Kinder erhalten zu den Materialien Ton, damit sie mit seiner Hilfe und der klebenden Eigenschaft des Tons die Materialien miteinander verbinden können.
- Es ist wichtig, regelmäßige Sammelaktivitäten mit Kindern durchzuführen, damit das „Materiallager" immer gut aufgefüllt ist, so daß Kinder sich jederzeit bedienen können.
- Kinder können angeregt werden, sich archaische Wohnformen wie Höhlen, Unterschlüpfe oder Nester im Außengelände zu bauen. Die Baumaterialien beschränken sich auf die gesammelten Rohstoffe. Auch „Vater-Mutter-Kind-Spiele" können damit gemacht werden, indem Blätter und Rindenstücke als Teller dienen, Äste und Gras, Stroh oder Heu für das Lager, Stöcke für das Lagerfeuer und Steine für die Sitzgelegenheiten.

Fundort Baustelle

In der Stadt gibt es manchmal Baustellen, auf denen neue Häuser entstehen. Man kann den Polier oder den Bauleiter fragen, ob man mit einer kleinen Gruppe Kinder die Baustelle besuchen darf, um sie nach Fundstücken und Restmaterialien zu durchsuchen und zu durchforsten. In Begleitung eines Bauarbeiters und mit den an der Baustelle vorhandenen Schutzhelmen versehen, gibt es kein Sicherheitsrisiko. Auch kann man Kindern erklären, daß sie nur in Begleitung und mit Genehmigung Erwachsener eine Baustelle betreten dürfen. Hat man einen Handkarren dabei, lassen sich viele Dinge finden: Sand, Kies, Ziegelsteine, Fliesenstücke, Stücke von Eisenträgern oder -stangen, Stücke von Steinplatten, Pflastersteine, Hohlblocksteine, Ytongsteine, Verpackungsfolien, Latten von Holzpaletten.

- Aus den Werkstoffen kann eine eigene kleine Stadt oder ein Spielhaus gebaut werden.
- Man kann zusammen mit Naturmaterialien in einer Ecke des Außengeländes eine Hütte bauen.

Weiterführende Variationen

– Die Werkstoffe von der Baustelle lassen sich auch gestalterisch nutzen.
– Ytongsteine können mit Feilen und Messern zu Skulpturen bearbeitet werden.
– Grobe Steinfliesen lassen sich mit Farbe anmalen, und man kann hernach ein Blatt auflegen und abziehen, wodurch man einen farbigen Druck erhält.
– Holzlatten können bemalt und mit Nägeln miteinander verbunden werden, so daß bizarre farbige Reliefs daraus entstehen.
– Eisenstangen können miteinander durch Bindedraht fest verbunden werden. Man kann dann farbige Tücher darüber hängen, und wenn man die Stangen dann in den Boden ins Außengelände steckt, stehen auf einmal „Fabelwesen" auf der Wiese.

Fundort Schreinerei oder Sägewerk

In einer größeren Schreinerei kann man mit Genehmigung des Eigentümers viele verschiedene Holzrohstoffe sammeln. Da gibt es Sägemehl, Hobelspäne, Holzwolle, Holzabschnitte in allen Formen und allen Größen, Rindenstücke, Baumscheiben usw. Es gibt auch Nägel, Schrauben und Dübel aus Holz oder Kunststoff in den verschiedensten Varianten.

Anregungen an die Kinder

– Holzstücke zusammennageln, bemalen, an einem Besenstiel befestigen und als Skulpturen ins Außengelände stellen, indem der Besenstiel in den Boden eingegraben wird.
– Aus Holzlatten lassen sich Häuser, Brücken, Kisten usw. bauen.

Weiterführende Variationen

– Sägemehl mit feuchter Erde und etwas Ton vermischt, ergibt eine wunderbare „Schmiermasse", mit der sich „Hüttenwände" verputzen oder Burgen – wie bei Sandburgen – bauen lassen, nur ist dieses Material klebriger und daher formbarer.
– Alle Holzmaterialien sollten, wenn sie im Außengelände im Materiallager gelagert werden, einigermaßen geschützt vor Regen bleiben.

Fundort Schrottplatz

Mit Genehmigung des Eigentümers darf man Schrottplätze betreten. Mit einer kleinen Gruppe Kinder kann man hier die verschiedensten Metallstücke finden. Man sollte darauf achten, daß Kinder feste Handschuhe tragen, damit sie sich nicht an scharfen Metallkanten verletzen. Es gibt beispielsweise gepreßte kleinere oder größere Bleche zu finden, Rohre, rostige Eisenstücke, Nägel, Splinte, Muttern, Bolzen, Bleche usw.

Anregungen an die Kinder
- Metall kann man mit Schmirgelpapier bearbeiten, polieren, aufrauhen.
- Dünne Blechteile kann man mit Nägeln durchlöchern.
- Gepreßte dünne Blechstücke können mit einem Hammer bearbeitet und somit auch verformt werden.
- Eisenstücke und Blechteile lassen sich mit Draht verbinden und umwickeln, und man kann so bizarre Formen und Skulpturen schaffen.

Weiterführende Variationen
- Mit Metallmaterial vom Schrottplatz kann man im Rollenspiel die Produktion in einer Fabrik nachahmen.

Fundort Marktplatz

Auf einem Marktplatz, kurz bevor die Marktzeit beendet ist, gibt es an den Ständen jede Menge Verpackungsmaterial zu finden. Der Eierstand hat Eierkartons oder -paletten, Gemüsestände haben Kisten, Kartons und Papiertüten, am Blumenstand findet man leere Blumentöpfe oder -paletten.

Anregungen an die Kinder
- Verpackungsmaterial suchen und an den Ständen danach fragen.
- Kartons, Folien, Obstkisten etc. lassen sich zum Bauen und Gestalten verwenden.
- Obst- und Gemüsepapiertüten von Marktständen oder Eierkartons sind auch für Kaufladenspiele geeignet.

Weiterführende Variationen
- Man kann die Kinder bitten, Verpackungsschachteln der verschiedensten im Haushalt konsumierten Produkte zu sammeln.
- In einer Ecke der Einrichtung kann man mit einem alten Tapeziertisch einen Marktstand aufbauen, der mit den gesammelten Fundstücken bestückt wird.

Fundort Recyclingfirma

Es gibt verschiedene Firmen, die Rohstoffe wie Kunststoffbecher oder Textilien oder Papier wiederaufbereiten. In solchen Firmen kann man entsprechende Produkte finden, und zwar in verschiedenen Zwischenbearbeitungsformen, wie z. B. geschredderter Kunststoff, zerschnittene Textilienstreifen, geschredderte Papierstreifen.

Anregungen an die Kinder
- Materialien in Dosen oder anderen Behältern aufbewahren.
- Materialien beim bildnerischen Gestalten z. B. in Gips eindrücken und mitverarbeiten.

Weiterführende Variationen
- Zerkleinerte Rohstoffe können miteinander verklebt, bemalt werden.
- Zerkleinerte Rohstoffe können in der Konstruktionsecke und bei Spielen mit Baggern etc. verwendet werden.

Fundort Steinbruch oder Kiesgrube

Alle Firmen, die Natursteine abbauen oder verarbeiten, sind ideale Fundorte für Steine aller Art. Mit Erlaubnis und in Begleitung eines Mitarbeiters lassen sich die verschiedensten Steine in Rohform oder zwischenbearbeitet finden. Es gibt große und kleine Kieselsteine, Bruchsteine, Steinplattenreste, Schottersteine, gepreßte Steine aus Steinmehl usw.

Anregungen an die Kinder
- Kinder sollten verschiedene Steinsorten, -größen und -farben sammeln.
- Kinder können die Steine sortieren nach Aussehen, Größe etc.
- Im Außengelände kann ein Steinlager angelegt werden.

- Mit Steinen kann man Mauern bauen.
- Mit Steinen kann man Wege abgrenzen.
- Mit Steinen und Hölzern kann man konstruieren.
- Man kann einen Steinhügel anlegen.
- Man kann ein Steinbeet anlegen.
- Steine können farbig bemalt und lackiert werden.
- Man kann Trockenmauern und Trockenbeete anlegen.

2.2 Erkundungen und Entdeckungen

Im folgenden sollen Methoden für Erkundungen und Entdeckungen beschrieben werden. Dabei geht es darum, bestimmte Prozesse aus Natur und Umwelt beobachten und untersuchen zu lernen. Wichtigstes Instrument hierfür ist eine Lupe, um auch kleinsten Lebewesen und Dingen auf die Spur zu kommen. Es ist auch empfehlenswert, ein gutes Mikroskop für die Einrichtung anzuschaffen, denn ein Blick in den Mikrokosmos ist für Kinder faszinierend. Entdeckungen werden gemacht, indem mit allen Sinnen Reize und Wahrnehmungen möglichst differenziert aufgenommen werden.

Die folgenden Anleitungen zum Entdecken werden die Elemente Feuer, Erde, Wasser und Luft einbeziehen und sich auch auf die Entdeckung von Lebewesen beziehen.

Lebensraum Erde

Im Garten wird eine große Schaufel Muttererde ausgegraben. Die Erde wird in eine längliche Glasschüssel (Auflaufform) gefüllt. Kinder bekommen eine Lupe und eine Gabel zum Stochern in der Erde und sollen versuchen, Lebewesen zu entdecken.

- Sie sollen berichten, was sie alles sehen können, angefangen bei Wurzelteilen bis hin zu Steinchen und Blattresten.
- Sie sollen beobachten, welche Tiere, Käfer, Würmer usw. in der Erde zu finden sind.

Weiterführende
Variationen

- Man kann einen Regenwurm in eine größere Schüssel mit Erde legen. Wenn man auf die Oberfläche welke Blätter legt, kann man beobachten, daß nach einer Weile die Blätter verschwinden, weil der Regenwurm sie unter die Oberfläche zieht und verarbeitet.
- Man kann eine Glasschüssel mit Gartenerde immer wieder neu füllen und von allen Seiten beobachten, welche Tiere sich darin befinden.
- Man kann sich mit einer Lupe auch ins Gras legen und das Leben dort beobachten.
- Man kann ein bißchen Erde unters Mikroskop legen und beobachten, welches Leben zu finden ist.

Entdeckungen aus der Küche

Schneidet man den oberen Teil einer Karotte ab und pflanzt ihn in einen Topf voll Erde, und zwar so, daß wenig von dem Karottenschnipsel aus der Erde guckt, so werden bei regelmäßigem Gießen bald kleine Blattspitzen sichtbar sein. Nach unten entwickeln sich Wurzeln.

Anregungen
an die Kinder

- Mit der Lupe täglich die Entwicklung untersuchen.

Weiterführende
Variationen

- Drückt man eine Knoblauchzehe in einen Topf voller Erde, sprießen nach kurzer Zeit schmale Blätter, die auch als Gewürzkraut für Suppe und Salat verwendet werden können.
- Zitronenkerne brauchen eingepflanzt etwas länger, damit daraus ein Pflänzchen wird, aber dann kann man den unverwechselbaren Zitronenduft riechen, wenn man die Blätter der Pflanze zwischen den Fingern zerreibt.

Kressenamen

Wenn man in eine flache Schale voller Erde mit dem Finger die Buchstaben des eigenen Namens schreibt und in die so entstandenen Rillen Kressesamen füllt, den Samen leicht andrückt und das kleine

Beet feucht hält, dann erscheinen nach einer Weile die Pflänzchen in Form des Namens.

Anregungen an die Kinder

- Mit der Lupe jeden Tag beobachten, was geschieht.
- Man kann auch andere Formen in die Erde drücken (Stern, Herz, Wellenlinien).

Weiterführende Variationen

- Dieselbe Methode kann man auch mit Senfsamen anwenden.

Wasserkreislauf im Einmachglas

In ein Einmachglas werden ein paar wenige, den Boden bedeckende Holzkohlestückchen eingefüllt, darauf wird Saaterde so hoch geschichtet, bis ¼ des Glases gefüllt ist. Dann wird eine Pflanze eingesetzt und die Erde mit abgekochtem und abgekühltem Wasser gut feucht gemacht. Auf dem Glas wird eine Klarsichtfolie mit Gummiband befestigt, um das Glas zu schließen. Das Glas wird an einen hellen Ort gestellt. Die Pflanze saugt das Wasser auf, gibt die Feuchtigkeit wieder an die Umgebung ab, und die Verdunstungsfeuchtigkeit schlägt sich in Tropfen an den Innenseiten des Glases nieder.

Anregungen an die Kinder

- Sie sollen täglich beobachten, wie sich das Wasser am Glas bildet.
- Sie sollen beobachten, ob die junge Pflanze wächst.
- Wenn das Glas in der Sonne steht, kann man ein Thermometer hineingeben und beobachten, wie stark die Temperatur im Gegensatz zur Raumtemperatur steigt (Treibhauseffekt).

Weiterführende Variationen

- Wenn man ein anderes Glas ohne Holzkohlestückchen präpariert, beginnt die Erde zu schimmeln. Kinder können dies beobachten und aus dem Vergleich erkennen, daß die Holzkohle eine wichtige Funktion hat.
- Präpariert man ein weiteres Glas mit Gartenerde, die nicht keimfrei ist wie die Saaterde, dann bilden sich im Lauf der Zeit kleine Tierchen, Mikroorganismen in der Erde, die man auch unter dem Mikroskop untersuchen kann.

Schneckensee im Wasserglas

Ein rechteckiges Glas oder ein kleines Anzuchtaquarium wird mit Wasser und Sand gefüllt. Beim Aquarienhändler werden ein paar Pflanzen erstanden und in den Sand gedrückt. Spitzhornschnecken werden ebenfalls dazu gegeben (max. 5 Stück). Die Algen, die sich an den Glaswänden bilden, „grasen" die Schnecken ab. Ihre Ausscheidungen sind Dünger für die Pflanzen.

Anregungen an die Kinder

– Die Schnecken können in ihrer Tätigkeit an den Glaswänden von außen mit dem bloßen Auge oder mit der Lupe beobachtet werden.
– Man kann beobachten, wie schnell die Pflanzen wachsen.

Weiterführende Variationen

– In ein zweites Glas kann man Wasserpflanzen aus der freien Natur einsetzen und beobachten, wieviel schneller die Pflanzen wachsen.

Bohnenbeet im Glas

Ein Einmachglas wird locker mit saugfähigem Papier (Küchenpapier), ggf. auch Watte, gefüllt. Zwischen Papier und Glaswand werden grüne dicke Bohnen gesteckt. Hält man das Papier feucht, deckt aber das Glas nicht luftdicht zu, dann beginnen die Bohnen zu sprießen. Das Glas muß an einem hellen Ort stehen.

Anregungen an die Kinder

– Kinder sollen mit Lupe oder bloßem Auge beobachten, wie die Bohnen aufbrechen und Wurzeln und Keimlinge zu treiben beginnen.
– Kinder können mit Hilfe eines Kalenders verfolgen, wie lange der Prozeß bis zur Entwicklung eines Pflänzchens dauert, in dem jeder Tag im Kalender markiert wird.

Weiterführende Variationen

– Es können auf einer Seite des Glases Bohnen eingesetzt werden und auf der anderen Seite Erbsen. So können die Kinder die Unterschiede der Entwicklung entdecken.

Schneeflocken fangen

Nimmt man eine alte Schiefertafel oder ein paar Schieferziegel oder eine dunkle Kunststoffplatte und legt sie eine Weile in den Gefrierschrank, dann kann man mit dieser vorgekühlten Platte im Winter, wenn es schneit, ein paar Schneeflocken „auffangen". Auf der kalten Platte schmelzen sie nicht so schnell. Durch eine Lupe betrachtet, kann man die verschiedenen Sternenformen der Schneekristalle beobachten und entdecken.

Anregungen an die Kinder

– Die verschiedenen Sternenformen können von den Kindern nachgezeichnet werden, um herauszufinden, wieviele Varianten es gibt.

Weiterführende Variationen

– Im Zeitalter der Thermopane-Glasscheiben gibt es leider keine Eisblumen an den Fenstern mehr. Man kann aber eine Glasscheibe auf einen Blumentopf legen und mit einem Pinsel ein bißchen Wasser wie Farbe auf die Scheibe auftragen. Wenn es stark friert, bilden sich Eisblumen, die mit der Lupe untersucht werden können.
– Man kann auch ein wenig blaue Tinte ins Wasser einfüllen, und die Eisblumen auf der Scheibe werden bläulich.

Lupe als Brennglas

Unter Begleitung und Aufsicht von Erwachsenen kann im Sommer bei Sonnenschein die Lupe als Brennglas erprobt werden. Dazu wird die Lupe so in die Sonne gehalten, daß die gebündelten, durchscheinenden Strahlen auf ein Stück Papier, ein bißchen trockenes Gras und ein altes Stück Holz fallen.

Anregungen an die Kinder

– Sie sollen beobachten, wie unterschiedlich schnell sich die einzelnen Materialien entzünden können.
– Ihnen kann erklärt werden, warum weggeworfene Glasstücke oder Flaschen im Wald bei Trockenheit eine Feuergefahr darstellen können.

Weiterführende Variationen

– Man kann mit Kindern ein kleines Lagerfeuer machen. In einen Ring aus Steinen werden trockene Holzstückchen, etwas Papier und Heu gelegt, und mit der Lupe wird versucht, das Feuerchen zu entfachen.

Spiegeleier auf Stein

Wenn man mit Kindern zusammen ein kleines Lagerfeuer machen will, sollte man sie auch mit den Gefahren des Feuers vertraut machen. In einem Ring aus Steinen wird mit der Lupe und entsprechenden trockenen Materialien ein kleines Feuer entfacht, das durch nachgelegtes Holz weiter Nahrung erhält. Nun wird ein großer, flacher Stein so auf die Feuerstelle gelegt, daß er auf dem äußeren Steinring aufliegt. Schlägt man ein Ei auf dem heißen Stein auf, braucht man nur eine Weile zu warten, bis ein Spiegelei entsteht. Mit von Rinde befreiten Holzstöckchen und etwas Brot können Kinder versuchen, das Ei direkt vom Stein zu essen.

Anregungen an die Kinder

– In der Nähe des Feuers sollte ein kleiner Sand- oder Erdhaufen aufgeschichtet sein, mit dem das Feuer hinterher gelöscht werden kann.
– Die Kinder sollen prüfen, wann der „Kochstein" heiß ist, indem sie ein wenig Wasser aufspritzen. Je schneller es verdunstet, um so heißer ist der Stein.

Weiterführende Variationen

– Ein einfacher Brotteig aus Mehl, Salz und Wasser kann geknetet und an einen geschälten Stock geklebt werden. Legt man nun den Stock über den Ring aus Steinen nahe an die Glut des Feuers, braucht es ein wenig Geduld, um frisches „Stockbrot" zu erhalten.

Wachstropfen auf Wasser

Man füllt Wasser in eine breite Schüssel. Jedes Kind zündet eine andersfarbige Kerze an und hält sie schräg, um das Wachs ins Wasser tropfen zu lassen.

**Anregungen
an die Kinder**

– Kinder sollen entdecken, wie das Wachs schwimmt.
– Kinder können die Wachsperlen aus dem Wasser herausfischen.

**Weiterführende
Variationen**

– Versucht man, die Tropfen dicht nebeneinander und übereinander ins Wasser zu tropfen, kann man bizarre, zusammenhängende Formen erzielen.

2.3 Erfindungsmethoden durch Sprache

Die kindliche Sprache entwickelt sich sowohl in der Menge des erworbenen Wortschatzes als auch in der Qualität und dem Niveau der benutzten Wörter. Methoden, die das Erfinden durch Sprache fördern wollen, beziehen sich auf die Kombination von Wörtern, die Verfremdung von Wörtern, das Erfinden von Wörtern und erzählen von Geschichten und Zusammenhängen. Je klarer für Kinder der „Unsinn" von Wörtern und Wortspielen ist, desto mehr Spaß macht es, denn um einen „Unsinn" erkennen zu können, muß der Sinn eines bestimmten Wortes und seine Bedeutung zuvor erkannt worden sein. Kinder lieben unsinnige Wortkombinationen, weil sie ihnen das Experiment mit Sprache ermöglichen.

Die folgenden Methoden haben daher auch zum Ziel, buchstäblich „Ungewöhnliches" hervorzulocken.

„Guten Tag, Frau Grünkohl!"

Man sitzt mit Kindern in einem kleinen Kreis zusammen. Die Erzieherin beginnt dem Kind an ihrer rechten Seite die Hand zu geben und setzt den Impuls für einen kleinen Dialog, wie z. B.:

„Guten Tag, Frau Grünkohl!"

„Wie geht es heute Ihrem Gatten, Herrn Rotkohl?"

„Ist das Kind Erbse wieder gesund, oder hat der große Bruder Bohne jetzt die Halsschmerzen?"

**Anregungen
an die Kinder**

– Nun werden die Kinder aufgefordert, einander auf ähnliche Art zu begrüßen und sich in Gemüsesorten anzusprechen. Wichtig ist es, so viele verschiedene Gemüsesorten wie möglich als Namen zu finden. Bei der Einleitung dieses Dialogspiels ist es sinnvoll, die ersten drei Sätze wie ein Ritual zu gestalten, das immer wiederkehrt: „Guten Tag – Wie geht es der Frau/dem Mann? Wie geht es den Kindern?" Danach darf sich der Dialog frei entfalten, wie die Kinder es möchten.

Weiterführende Variationen
– Man kann neben Gemüsesorten je nach Sprachniveau der Kinder auch Obstsorten („Guten Tag, Frau Banane!") oder Geschirrbezeichnungen („Wie geht es, Herr Teekanne?") benutzen.
– Für Schulkinder eignen sich auch Ländernamen („Guten Tag, Frau Frankreich …!").

Tischbein und Blumenkastenhalter

Eine Gruppe Kinder sitzt zusammen. Die Erzieherin gibt ein Wort, wie z. B. Tisch, vor, und die Kinder werden angeregt, andere Wörter zu finden, die sich mit Tisch verbinden lassen und einen Sinn ergeben, wie z. B. Tischbein.

Je jünger die Kinder sind, um so besser eignen sich Begriffe von Gegenständen, die sich im Raum befinden.

Anregungen an die Kinder
– So viele Wörter wie möglich sollen gefunden werden.
– Die Kinder rufen die Wörter einfach frei in die Runde.

Weiterführende Variationen
– Es sollen Wörter gefunden werden, die sich nicht nur aus zwei Hauptwörtern zusammensetzen, wie z. B. Tischbein oder Blumenkasten, sondern möglichst aus mehreren Hauptwörtern, wie z. B. Tischdeckenunterlage oder Blumenkastenhalter.
– Bezeichnungen von Tierarten können als Einstieg in zusammengesetzte „Nonsens-Wörter" gebraucht werden, wie z. B. Pferdekatze, Hühnerlöwe, Mäuseuhu, Rehwildschwein, Gänseelche und Murmelente.

„Ich denke was, was du nicht denkst."

Diese Methode folgt dem bekannten Spiel „Ich sehe was, was du nicht siehst …", doch soll nicht eine bestimmte Lösung erraten werden, sondern ganz viele Lösungen gefunden werden. Die erwachsene Spielpartnerin beginnt in einer Gruppe mit Kindern zu sagen: „Ich denke was, was du nicht denkst, und das ist ein Regenschirm." Nun haben die Kinder die Aufgabe, alles zu nennen, was sie mit Regenschirm in Verbindung bringen: Regen, Sonne, Schnee, Hagelschauer, Nässe … So werden Gedankenketten gebildet.

Anregungen an die Kinder
- Möglichst verschiedene gedankliche Verbindungen herstellen.
- Wiederholungen vermeiden.
- Werden keine Gedankenverbindungen hergestellt, darf ein anderes Kinder das Spiel mit den Worten: „Ich denke was, …" einleiten und einen neuen Begriff einbringen.

Weiterführende Variationen
- Für Schulkinder können Begriffe aus Sachgebieten wie Natur und Umwelt gewählt werden (z. B. Müll).
- Die Gedankenketten können in Form von Wörtern, die sich reimen, gebildet werden. So kann z. B. das Wort Haus eingebracht werden, und die Antworten können lauten: Klaus, Maus, Braus, Laus, hinaus.
- Auch Nonsens-Wörter können zugelassen werden.

Gedankensprung

Ein Wort, wie z. B. Pferdeapfel, wird in die Runde gegeben. Nun sollen die Gedanken springen wie Pferde über Hindernisse und alle Worte benannt werden, die etwas mit Pferd oder Apfel zu tun haben, wie z. B. Pferdeweide, Apfelkuchen.

Anregungen an die Kinder
- Spontane Einfälle laut in die Runde geben.
- Doppelungen vermeiden.
- Falls keine Begriffe mehr zu finden sind, kann ein anderes Kind ein Wort in die Runde geben.

**Weiterführende
Variationen**

– Je älter die Kinder sind, um so schwierigere Begriffe können gewählt werden, wie z. B. Turmuhr, Kuppeldach, Fahrradkette, Rosenbeet etc.

Wortsalat

Der erwachsene Spielpartner oder die Erzieherin nennt ein mehrsilbiges Wort mit vielen Vokalen. Dann wird durch andere Vokale das Wort so verändert, daß es schließlich gar nicht mehr erkennbar ist.

Beispiel

Aus Erika kann Uruka, Eraku, Eroka, Orika usw. werden.
Aus Nikolaus macht man Nukilus, Nokalis, Nukelos, Nikilis usw.

**Anregungen
an die Kinder**

– Genau zuhören.
– Selbst Worte in die Runde geben, die verändert werden sollen.

**Weiterführende
Variationen**

– Die Kinder verändern einen Reim, wie z. B. „Eins, zwei, drei, alt ist nicht neu" in „Ins, zwi, dri, ilt ist nicht ni" usw.
– Das Lied: „Drei Chinesen mit dem Kontrabaß, saßen auf der Straße und erzählten sich was. Da kam die Polizei, nein was ist denn das? Drei Chinesen mit dem Kontrabaß", läßt sich hervorragend für Wortsalat nutzen.

Verkehrte Welt

Der Erwachsene beginnt einen Satz, der völlig unsinnig ist, wie z. B.: „Gestern Mond stieg ich auf die Leiter, um zu schlafen. Ich hatte einen schönen Strumpf mit vielen Söckchen an. Meine Teddygans auch ..."
Die Kinder werden nun angeregt, auch Sätze zu produzieren, die völlig unsinnig sind.

**Anregungen
an die Kinder**

– Zunächst sollen die Kinder nur einen „Unsinnsatz" bilden.
– Danach können sie auch mehrere Sätze bilden und eine kleine Unsinngeschichte erzählen.

<table>
<tr><td>Weiterführende
Variationen</td><td>– Man beginnt einen Satz, wie z. B. „Die Kuh, die fand kein Futter …", und die Kinder sollen den Satz beenden, und zwar so, daß er sich reimt. Die Antwort könnte so lauten: „… da machte sie sich selber Butter." Oder auch: „Wir haben einen Regenwurm …", Antwort: „… der klettert auf den Fernsehturm."</td></tr>
</table>

Warum, warum, warum …

Die Erzieherin beginnt mit den Worten: „Mir tut der dicke Zeh weh."
Sie fordert dann ein Kind der Gruppe auf, „Warum?" zu fragen, und
gibt selbst die unwahrscheinliche Antwort: „Weil ich zuviel damit gewackelt habe."

Nun ist ein anderes Kind der Gruppe dran, einen Aussagesatz zu
machen, auf den mit der Frage „Warum" geantwortet wird.

<table>
<tr><td>Anregungen
an die Kinder</td><td>– Die Kinder müssen nicht immer unwahrscheinliche Antworten geben. Aber diese machen besonders Spaß.</td></tr>
<tr><td>Weiterführende
Variationen</td><td>– Man kann ein Kind mit einem Aussagesatz beginnen lassen. Dann fragt die Gruppe im Chor: „Warum?", und ein anderes Kind gibt die Antwort. Dieses Kind darf dann mit dem nächsten Aussagesatz beginnen.
– Man kann das „Warum"-Spiel auch mit ernsthaften Fragen aus dem Natur- und Umweltbereich spielen, z. B. „Warum braucht eine Pflanze Wasser?" Das Niveau der Antwort hängt natürlich vom Alter der Kinder ab. Grundsätzlich gilt aber, daß jede Antwort akzeptiert wird.</td></tr>
</table>

Und dann?

Die Erzieherin erzählt einige Sätze einer Handlung. Sie bricht ab und
fragt: „Und dann?" Ein Kind soll weitererzählen. Die Geschichte darf
realistisch und auch völlig unwahrscheinlich und unsinnig weiterverlaufen. Beispielsweise so:

„Emil hat einen Luftballon. Er bläst ihn auf. Die Mutter meint, er solle ihn nicht zu weit aufblasen, sonst würde der Luftballon platzen. Und dann?"

Mögliche Antwort eines Kindes: „Der Luftballon platzte."

Andere Anfänge könnten sein: „Lisa warf einen Stein hoch in die Luft. Was geschah dann?"

Anregungen an die Kinder
– Nachdem die Geschichte begonnen wurde und ein anderes Kind ein Stück Geschichte weitererzählt hat, kann immer ein Kind der Gruppe zwischenfragen: „Und dann?" Danach spinnt wieder ein anderes Kind die Geschichte weiter.

Weiterführende Variationen
– Es können auf diese Weise phantastische Geschichten entwickelt werden: „Es war Winter und schneite. Ein Zauberer kam und verwandelte den Schnee in Reis."
„Und dann?"
„Dann fing es an zu regnen."
„Und dann?"
„Der Reis weichte auf."
„Und dann?"
„Die Sonne brach durch die Wolken, und es wurde ganz warm."
„Und dann?"
„Da wurde der Reis zu Reisbrei."

Wortschatzkiste

Man beginnt z. B. mit dem Wort „Stein" und fordert die Kinder auf, alle Worte zu nennen, die ihnen einfallen und auf „st" beginnen: Strumpf, Stange, Struwelpeter usw.

Anregungen an die Kinder
– Nach dem Sammeln aller Wörter mit „st" sollen die einzelnen Kinder selbst ein neues Wort in die Runde geben, wozu die anderen Kinder die passenden Worte suchen.

Weiterführende Variationen
– Nach der Suche aller Wörter mit den Anfangsbuchstaben „st" sucht man Wörter, die sich auf das „ein" reimen, das sich in Stein befindet: Wein, klein, dein, Schwein …

Gegensätze

Man gibt ein Adjektiv an eine Gruppe von Kindern, wie z. B. „klein", und fordert sie auf, den Gegensatz zu finden und zu nennen, nämlich „groß".

Anregungen an die Kinder
- Jedes Kind sagt ein „Wiewort" (Adjektiv), und die anderen müssen den Gegensatz schnell finden.
- Die Kinder sollten angeregt werden, immer schwierigere Wörter zu finden.

Was wäre wenn?

Die Erzieherin beginnt phantastische Fragen zu stellen, wie z. B.: „Was wäre, wenn ein Krokodil an die Tür klopfen würde?" – „Was wäre, wenn unsere Stadt auf einmal fliegen würde?" – „Was wäre, wenn ich morgens aufstehen würde und mich plötzlich in eine Katze verwandelt hätte?"

Die Kinder werden aufgefordert, sich ernsthaft in die Situation zu versetzen und Antworten zu finden.

Anregungen an die Kinder
- Die Kinder sollen sich phantastische Fragen ausdenken und an die anderen Kinder der Gruppe richten.

Schlagzeilendichtung

Schulkinder schneiden aus Zeitungen Schlagzeilen aus, die wie ein Gedicht untereinander geklebt werden und möglichst vergnüglichen Unsinn ergeben.

Beispiel
1. Schlagzeile – Glatteisgefahr
2. Schlagzeile – zwischen zwei Flüssen
3. Schlagzeile – zu Ehren des Bundeskanzlers

Anregungen an die Kinder
- Die Schlagzeilendichtung, so unsinnig sie doch ist, soll eine gewisse Geschichte erzählen.

Weiterführende
Variationen
- Die Schlagzeilendichtung kann zu einer Gruppenaufgabe werden.
- Die Sätze müssen nicht nur aus Schlagzeilen zusammengesetzt werden, sondern es können beliebige Textfragmente einer Zeitung benutzt werden.

2.4 Anleitungen zum Verändern und Verfremden

Kinder sollen im Sinne der Kreativitätsförderung an die Erfahrung herangeführt werden, daß Gegenstände zweckentfremdet werden können, um einer bestimmten Absicht dienlich zu sein. Man muß nicht immer einen ganz bestimmten Gegenstand zur Verfügung haben, um gewisse Aktivitäten durchzuführen. Beispielsweise braucht man nicht unbedingt professionelle Modellierhölzer, um aus Ton eine Vase zu formen und die Tonmasse zu verstreichen. Man kann die Modellierhölzer durch Gabel, Messer und Pinselstiele ersetzen. So läßt sich die übliche Funktion vieler Gegenstände zu einem neuen Zweck verändern und verfremden. Die Erfahrung solcher Möglichkeiten erweitert die Bandbreite der Lösungen und befreit von gewissen Einschränkungen. Kinder brauchen den Freiraum, solche Zweckentfremdungen erproben zu können, um ihre kreativen Ideen entfalten zu können.

Im folgenden sind Impulse und Anregungen beschrieben, wie Kindern solche Veränderungs- und Verfremdungsprozesse nahegebracht werden können. In Aktivitäten des Verkleidens und des Rollenspiels sind zwar auch Verfremdungselemente enthalten, aber sie beziehen sich auf die eigene Person und den eigenen Körper und werden in dem Kapitel, das sich auf Darstellungen bezieht, beschrieben. Die hier vorgestellten Anregungen beziehen sich auf Objekte aus dem direkten Lebensumfeld.

Experimente mit Küchengeräten

Im Sandkasten werden mehrere Eimer Wasser und ein Block Tonmasse auf einer Folie bereitgestellt. Kinder werden aufgefordert, sich mehrere Küchengeräte zu holen, wie z. B. Reibe, Schneebesen, Trichter, Kartoffelstampfer, Eierschneider, Schaumlöffel, Siebe, Schöpflöffel, Rührtöpfe, Knoblauchpresse, Eierbecher.

- Die Kinder sollen ausprobieren, wie sie mit den Küchengeräten im Sand, mit Ton und Wasser etwas bauen können.

- Ton läßt sich durch den Eierschneider und durch die Knoblauchpresse drücken. Es entstehen bizarre Formen, die z. B. für die Verzierung einer Sandburg geeignet sind.
- Eine Tonmasse, die durch Sand verunreinigt ist, läßt sich in einem verschlossenen Eimer aufbewahren und ist immer wieder für Aktivitäten im Außengelände verwendbar. Sie kann aber nicht mehr für die Gestaltung mit Ton und für den Brand verwendet werden.

Küchenmusik

Kinder werden aufgefordert, Töpfe, Schüsseln, Plastikteller, Holzlöffel und Löffel aus Metall aus der Küche zu besorgen. Darüber hinaus braucht man Dosen, Bürsten und vielleicht auch ein paar Linsen und Erbsen.

- Sie sollen die verschiedensten Geräusche und Klänge erfinden und erproben: z. B. Erbsen in einem Topf schwenken, mit dem Löffel auf einen Topfboden trommeln, zwei Metallöffel aneinanderschlagen usw.

- Hat jedes Kind sein spezielles Kücheninstrument gefunden, kann die Erzieherin die Dirigentin spielen und den Kindern nacheinander ihren Einsatz zeigen, so daß eine bestimmte „Geräuschmelodie" entsteht.
- Durch wassergefüllte Gläser und Flaschen, die mit einem Löffel angeschlagen werden, kann das Geräuschszenario noch ergänzt werden.

Stempelspaß

Gibt man Kindern ein bis zwei Stempelkissen und Papier sowie einen Stempel, dann kann man ihnen das Prinzip des Stempelns zeigen. Danach werden sie aufgefordert, nach anderen Materialien zu suchen, mit denen man stempeln kann. Dazu gehören z. B. Fingerhüte, Hölzchen, Pappstücke, Gläser, mit deren Rand man stempeln kann, Dosen, Korken, kleine Holzklötze und sogar die Finger.

Anregungen an die Kinder
– Die Stempelergebnisse können auf einem Papier zu unterschiedlichen Formen und Figuren zusammengestellt werden.

Weiterführende Variationen
– Verschiedenfarbige Stempelkissen ermöglichen verschiedenfarbige Ergebnisse.
– Man kann gegenseitig raten lassen, von welchem Material die verschiedenen Abdrücke herrühren.

Löcher stopfen

Man kann bei einem Schlosser ein Lochblech preiswert erstehen oder in einen großen stabilen Pappkarton die verschiedensten Löcher mit Hilfe eines Federmessers mit Kindern zusammen ausschneiden. Karton oder Blech werden an Fäden von der Decke heruntergehängt, so daß sie knapp über dem Boden schweben. Die Kinder sollen nun die Löcher füllen.

Anregungen an die Kinder
– Wolle, Stofftücher, Kreppapier, angemalte Watte und ähnliche Materialien können durch die Löcher gezogen werden.
– Die Pappe kann auch angemalt werden.

Weiterführende Variationen
– Ein 1,50 m hohes und 1,00 m breites Holzbrett, in das Löcher gebohrt werden, kann auf diese Weise zu einem selbsthergestellten Raumteiler werden.

Streichholzschachtelsammlung

Streichholzschachteln bieten, wenn sie leer sind, Platz zum Aufbewahren klitzekleiner Dinge. Die Kinder sollen Gegenstände suchen,
die in eine Streichholzschachtel passen.

**Anregungen
an die Kinder**

– Sie sollen sich überlegen, was alles in eine Streichholzschachtel
passen könnte: z. B. Murmeln, Nägel, Perlen, Knete, Radier-
gummi, Lego, ein kleines gefaltetes Blatt, Büroklammern usw.
– Sie sollen besondere Schätze für ihre Streichholzschachteln sammeln.

**Weiterführende
Variationen**

– Klebt man sechs Streichholzschachteln so aneinander, daß ein
Block aus zwei mal drei Schachteln entsteht, dann haben die Kin-
die eine kleine Schatzkiste, in der sie „Schätze" legen können.

Deckenbuden

Kinder bauen gerne Buden oder Höhlen. Ein umgedrehter Tisch
und eine Decke können da schon reichen. Gibt man ihnen aber
auch Besen, die sie z. B. quer über zwei mittelhohe Schränke legen,
und zusätzliche Decken und Bettücher, dann können sie ihre Höhle
so groß machen, daß mehrere Kinder mitspielen können.

**Anregungen
an die Kinder**

– Um eine Höhle gemütlich zu machen, braucht man auch Kissen
und Decken für den Boden.
– Stühle und Tische können umgedreht werden, so daß die Holz-
beine der Möbel als Säulen für die Tücher und Decken dienen.

**Weiterführende
Variationen**

– Steckt man im Außengelände mehrere hohe Weidenruten im
Kreis nebeneinander in den Boden, und zwar so, daß sich ihre
Spitzen zueinander neigen, dann kann man sie am oberen Ende
zusammenbinden und erhält das Gerüst einer „Indianerhütte".
Die Ruten können von außen aber auch miteinander verwebt
werden, indem wie beim Weben dünnere, biegsame Weidenruten
quer zu den Längsstangen eingeflochten werden.

Papiermaché-Bälle

Zeitungspapier wird geknüllt, in handliche Bälle geformt und mit viel Kleister eingekleistert. Das Ganze wird mit ebenfalls gekleistertem Papier umhüllt und getrocknet. Die fertigen, zumeist ziemlich unregelmäßigen Bälle können noch bemalt werden.

Anregungen an die Kinder
– Sie können größere und kleinere Bälle anfertigen.
– Sie können auch unregelmäßige Rundformen anfertigen, die bemalt an Kieselsteine erinnern.

Weiterführende Variationen
– Die Papiermaché-Bälle können im Turnraum und im Außengelände zu weiteren Aktivitäten benutzt werden, wie z. B. Bälle mit Stöcken schießen, mit den Bällen auf Dosen werfen usw.

Luftballonmatratze

Bläst man ganz viele Luftballons so auf, daß sie nicht zu stramm sind und die Oberfläche noch nachgiebig ist, und füllt sie in einen Bettbezug, bis dieser ganz voller aufgeblasener Luftballons ist, kann man den Bettbezug mit den Knöpfen schließen. Auf die entstandene „Matratze" kann man sich legen, auf ihr sitzen oder sich auf ihr wälzen. Das Körpergefühl erinnert an ein Wasserbett. Die Luftballons zerplatzen nicht.

Anregungen an die Kinder
– Mehrere Bettbezüge mit Luftballons füllen und so eine ganze Kuschelecke herstellen.

Weiterführende Variationen
– In der Waschmaschine eingefärbte, ehemals weiße Bettbezüge wirken als „Kuscheleckenmatratze" freundlicher.

Tüchervorhang

Aus großen Bahnen Stoffresten oder eingefärbten Bettüchern läßt sich ein Raumteiler erstellen. Es wird eine Wäscheleine von Wand zu Wand aufgehängt, und die Tücher werden mit Hilfe von Wäscheklammern auf die Leine aufgehängt.

Anregungen an die Kinder

- Die Kinder können die Tücher dicht nebeneinander oder mit Lücken aufhängen.
- Die Kinder können die Tücher querformatig oder an einem Zipfel aufhängen.

Weiterführende Variationen

- Schmale, enge Tuchstreifen verschiedenster Farben können an einem Turnreifen aufgehängt werden, der an der Decke befestigt wird. Gehen Kinder hindurch, wirkt das wie eine „Stoffdusche". Die Stoffstreifen streichen über die Haut.
- Tuchstreifen an einem Draht befestigt und in einen Türrahmen gehängt, ergeben einen Durchgang.

2.5 Impulse für Darstellungen

Mit Darstellungen sind Rollenspiele im weitesten Sinne und Improvisationen gemeint. Kinder spielen Rollenspiele oftmals aus eigenem Antrieb. Sie suchen sich Requisiten und spielen das bekannte Vater-Mutter-Kind-Spiel. Solche Rollenspiele sind Selbstläufer. Sie entstehen selbstorganisiert und werden auch selbstorganisiert beendet. Darüber hinaus aber können Erwachsene Impulse für Improvisationen und Darstellungen geben, indem sie mitspielen und Anregungen geben. Darstellende Spiele ermöglichen es, die Wahrnehmung des eigenen Ich und des anderen zu verfeinern, Gefühle zum Ausdruck zu bringen und unbekannte Verhaltensweisen kreativ zu erproben. Darstellungen und Improvisationen regen die Phantasie und Imagination an. Die Grundlage aller Darstellungsaktivitäten bieten Verkleidungsmaterialien. Eine Verkleidungskiste ist nun schon in allen Tageseinrichtungen für Kinder üblich. Darin befinden sich originelle Altkleider, Schuhe und Taschen. Es fehlen zumeist aber noch bunte Tücher und Stoffe, Schmuck und Schminke. Diese Dinge sind genauso wichtig wie Hüte und Gürtel. Zur besseren Übersicht für Kinder ist es hilfreich, einen Kleiderständer bzw. eine Kleiderstange in einer Ecke aufzubauen, weil die Kinder dann das vorhandene Verkleidungsmaterial sehen, anstatt in einer Truhe danach suchen zu müssen. Außerdem bedarf es in der Ecke eines Spiegels und eines Tisches, auf dem die wasserlösliche Theaterschminke griffbereit liegt.

Unerkennbare Verkleidung

Die Erzieherin beginnt selbst, sich zu verkleiden, und regt die Kinder an, sich so zu verkleiden, daß die Rolle der Verkleidung nicht erkennbar ist. Das heißt, die Kinder sollen Phantasiekostüme anlegen.

Anregungen an die Kinder
- Es können auch einfache Tütenmasken die Verkleidung ergänzen.
- Die Kinder können im Winter ihre Schals, Mützen, Handschuhe in die Verkleidung einbeziehen.

Weiterführende Variationen
- Verkleidete Kinder können einen „Zaubertanz" aufführen.
- Die Kinder können Kreppapierstreifen an der Verkleidung befestigen.

Zauberstab

Die Kinder verkleiden sich und setzen sich in einen Kreis. Die Erzieherin beginnt zu erzählen, daß sie von einer Reise einen Zauberstab mitgebracht hat, der alles darstellen kann, was man nur will. Sie zeigt dabei einen ca. 1 m langen Stock. Dann beginnt sie, den Stock pantomimisch z. B. wie einen Tennisschläger oder einen Minigolfschläger etc. zu handhaben, und die Kinder müssen raten, was der Zauberstab darstellt.

Anregungen an die Kinder
- Jedes Kind denkt sich eine pantomimische Darstellung für den Zauberstab aus.
- Wenn ein Kind die Funktion des Stabes erraten hat, erhält dieses Kind den Stab und darf selbst eine Pantomime darstellen.

Weiterführende Variationen
- Es können auch zwei oder drei Kinder zusammen eine Pantomime mit dem Zauberstab darstellen.

Verrückte Benennung

Die Kinder sitzen in einem Kreis. In der Mitte auf dem Boden liegen alle Verkleidungsstücke ausgebreitet. Ein Kind beginnt und geht dreimal um den Haufen herum. Dann zeigt es auf einen Gegenstand aus dem Haufen, z. B. einen Schuh, und benennt ihn als Nasenbär. Danach zieht das Kind den Schuh an, und das nächste Kind ist an der Reihe.

Anregungen an die Kinder
– Die Kinder sollen möglichst weithergeholte Bezeichnungen für die Gegenstände finden.
– Die Kinder können auch erfundene Worte für die Gegenstände einbringen, wie z. B. für den Schuh, der dann vielleicht „Rerbsenmampf" genannt wird.

Weiterführende Variationen
– Die Kinder können einem anderen Kind den Gegenstand, den sie „verrückt" genannt haben, geben und auf diese Weise sich gegenseitig mit den Utensilien verkleiden, weil alle Gegenstände, wie beschrieben, auch angezogen werden sollen.

Über Stock und Stein

Die Kinder verkleiden sich so, daß es aussieht, als wollten sie eine Wanderung machen. Sie bewegen sich im Raum und versuchen dabei, sich verschiedene Bodenbeschaffenheiten vorzustellen, die sie mit ihren Bewegungen bewältigen müssen, z. B. vorsichtig durch einen Bach waten, über eine Pfütze springen, unter einem Ast durchkriechen, langsam eine Steigung erklimmen usw.

Anregungen an die Kinder
– Sie können vom Erwachsenen Ideenimpulse bekommen, wie z. B. Bewegungen zu dem Laufen über heißen Sand, durch einen Sumpf, auf grobem Kies usw.

Weiterführende Variationen
– Ein Kind macht pantomimisch eine Bewegung über eine bestimmte Bodenbeschaffenheit vor, wie z. B. balancieren, und die anderen Kinder müssen raten, welche Situation dargestellt wird.

– Man kann die ganze Pantomime auch in Zeitlupe erfolgen lassen, so daß die Bewegungen ganz langsam werden.

Blatt im Wind

Ein Kind liegt auf dem Boden, ein anderes Kind sitzt daneben und pustet das liegende Kind, welches das Blatt im Wind ist, an. Das liegende Kind reagiert auf das Pusten wie ein Blatt im Wind und bewegt die angepusteten Körperteile.

Anregungen an die Kinder

– Das pustende Kind, das den Wind darstellt, kann leichten Wind bis hin zum Sturm erzeugen.
– Das Kind, das das Blatt darstellt, kann auch durch den ganzen Raum geweht werden.
– Nach einer Weile werden die Rollen getauscht.

Weiterführende Variationen

– Drei Kinder können auch einen Baum im Wind darstellen, wobei ein Kind der Baum ist und nur mit seinen Zweigen (Armen) wackelt oder bei heftigem Wind (starkes Pusten der anderen) mit dem ganzen Stamm (Körper).
– Die Kinder können sich als Blatt oder Baum schminken. Wenn sie nur eine kurze Hose oder ein kurzes Shirt tragen, können auch Arme und Beine geschminkt werden.

Marionetten

Ein Kind ist die Marionette, ein anderes Kind der Marionettenspieler. Durch leichtes Berühren mit dem Zeigefinger soll die Marionette tun, was der Spieler will.

Anregungen an die Kinder

– Schweigend soll der Spieler die Marionette durch den Raum führen.
– Die Körperberührungen mit Fingern und Händen sollen behutsam sein.

Weiterführende
Variationen

– Die Marionetten verändern ihre Körperbewegung durch die Hände des Spielers, reagieren zusätzlich aber auch auf Zurufe, wie z. B. „Komm!".

Requisitenspiel

Verschiedene Gegenstände, wie z. B. Kochtopf, Regenschirm, Aktentasche, Garnrolle mit Nadel, Gartenschaufel, Lockenwickler usw.

Die Kinder gehen nacheinander in den Kreis, nehmen einen Gegenstand auf und stellen eine kurze Szene damit dar, wie z. B. die Nähnadel benutzen und so tun, als ob man nähe, oder mit der Schaufel pantomimisch darstellen, wie man einen Garten umgräbt.

Anregungen
an die Kinder

– Jedes Kind der Gruppe soll einmal eine Darstellung mit einem Gegenstand machen.
– Es kann eine kleine Pause eingelegt werden, in der die Kinder noch mehr Gegenstände zusammensuchen, in die Mitte legen, um schließlich mit den neuen Gegenständen weitere Darstellungen zu machen.

Weiterführende
Variationen

– Die Kinder sollen die Gegenstände pantomimisch verfremden, z. B. wird so der Regenschirm zur Grabschaufel und die Schaufel zum Regenschirm.
– Wichtig ist, daß alle pantomimischen Bewegungen sehr detailliert ausgeführt werden.

2.6 Methoden experimenteller Gestaltung

Bei der experimentellen Gestaltung als Methode der Kreativitätsförderung von Kindern geht es um Gestaltungsformen, die einen gewissen Zufallseffekt, der sich aus den verwendeten Materialien ergibt, hervorrufen. Damit sind die Ergebnisse experimentellen Gestaltens immer offen und unvorhersehbar. Es handelt sich um ein Spiel mit Formen und Farben, das zu abstrakten Kompositionen führen soll. Die Kinder erfahren dabei nicht nur die vielfältigen Verwendungsformen unterschiedlicher Materialien, sie erleben auch, daß die erzielten Ergebnisse veränderbar sind und gleichzeitig unverwechselbar in ihrem Ausdruck wie das Kind selbst. Experimentelles Gestalten beinhaltet in vollem Umfang den Schaffensprozeß von etwas Neuem und Außergewöhnlichem.

Im folgenden sollen einige ausgewählte experimentelle Gestaltungstechniken dargestellt werden, die den kreativen Prozeß eines jeden Kindes egal welcher Altersstufe unterstützen und seine Phantasie und Kreativität anregen.*

Drucken mit Tapeten

Auf grobe Strukturtapeten wird mittels Walzen Farbe aufgetragen. Es sollten Acryl- oder Gouachefarben benutzt werden. Legt man ein Blatt Papier auf die Tapete und drückt es an, erhält man die Struktur.

Anregungen an die Kinder
– Sie sollen mit verschiedenen Farben experimentieren.
– Zwischenräume, die beim Abdruck mit weißem Papier farbfrei bleiben, können von den Kindern vorsichtig mit einem Pinsel und einer Konstrastfarbe nachgefahren werden. Schlangenlinien und bizarre Formen in der Kombination von Pinselstrich und Strukturabdruck entstehen.

Weiterführende Variationen
– Saugfähiges Japanpapier oder auch Batikpapier führt zu einem Aquarelleffekt. Die Farben weiten sich auf dem Papier aus und laufen an ihren Rändern ineinander.

---

* In meinem Buch „Handbuch Kunst und Gestalten" (Freiburg 1998) werden vielfältige Methoden experimentellen Malens, Collagierens und Gestaltens dargestellt, die den künstlerischen Charakter gestalteter Werke hervorheben und damit auch dem Aspekt der Förderung von Kreativität im Bereich bildnerischen Gestaltens folgen.

Styropordruck

Die Oberfläche von Styroporplatten (mindestens 2 cm stark) wird mit Rundhölzern, Modellierstäbchen oder den Rückseiten von Pinseln und auch Messern so bearbeitet, daß Linien bzw. Vertiefungen entstehen, die in der Komposition zueinander einen Gesamteindruck entwickeln. Die Vertiefungen sollten mindestens 3–5 mm tief sein. Schulkinder können die Einritzungen auch mit einem heißen Lötkolben einschmelzen, wenn ein Erwachsener sie beaufsichtigt. Auf diesen so bearbeiteten Druckträgern muß mit einer Walze dicke und feuchte Farbe aufgetragen werden. Dann wird ein Papier aufgelegt, das mit einer sauberen Walze oder auch einem Spielzeugauto mehrmals gut auf das Styropor gedrückt wird.

Vorsichtig muß das Papier schließlich an einer Seite angehoben werden, abgezogen werden, und fertig ist der Druck. Die Oberflächenstruktur des Styropors bleibt auf dem Druck sichtbar.

Anregungen an die Kinder

– Sie sollen mehrere Drucke herstellen, indem verschiedene Farben nacheinander aufgetragen und abgedruckt werden. Arbeitet man sich von hellen Farben zu dunklen Farben voran, gibt es zwar Farbmischungen und Überlagerungen, aber keine schmutzig wirkenden dunklen Mischfarben.
– Die Druckplatten können von der Vorder- und Rückseite, also mindestens zweimal verwendet werden.
– Durch Neubearbeitung und Veränderung der Einritzung können neue Ergebnisse erzielt werden.

Weiterführende Variationen

– Die Styroporplatten selbst können als Bilder neben den entsprechenden Drucken aufgehängt und präsentiert werden.

Farbauftrag mit Walzen

Eine Farbe, z. B. Fingerfarbe, wird als dicker Klecks auf eine Span- oder Kunststoffplatte aufgetragen. Die Walze (Druckwalze oder Lakkierwalzen, mit denen Heizkörper lackiert werden) wird durch den Farbklecks gerollt, so daß sich die Farbe gut auf der Walze verteilt.

Dann erfolgt der Farbauftrag mit der Walze auf dem Papier und hinterläßt typische breite und in der Farbwirkung unregelmäßige Spuren.

Anregungen an die Kinder

– Sie sollen die Farbe nur mit soviel Wasser vermischen, daß sie sich zwar gut verteilen läßt, aber nicht zu dünnflüssig wird.
– Sie können eine weitere Farbe als Kontrastfarbe, z. B. Schwarz, hinzufügen.

Weiterführende Variationen

– Von der Span- oder Kunststoffplatte, auf der die Verteilung der Farbe durch die Walze erfolgt, können Abdrücke gemacht werden, indem ein Blatt Papier aufgelegt, vorsichtig angedrückt und abgezogen wird.
– Die Bilder können nach dem Trocknen mit Bohnerwachs (durchsichtig) eingerieben und dann mit einem wollenen Tuch poliert werden. Sie wirken dann glänzend und tiefgründig.

Kullerbilder

In einen Schuhkarton wird ein weißes Blatt Papier gelegt. Eine Kastanie, ein Stein oder eine Glasmurmel wird in dickflüssige Farbe getaucht und auf das Papier gelegt. Dann wird der Karton mit den Händen so bewegt, daß der Gegenstand über das Papier kullert und eine Farbspur hinterläßt.

Anregungen an die Kinder

– Sie sollen Versuche mit verschiedenen Farben anstellen.
– Sie sollen möglichst nicht mehr als zwei Gegenstände über das Papier kullern lassen, denn sonst könnten Kleckse entstehen.

Weiterführende Variationen

– Man kann auch schwarzes Tonpapier in den Karton legen. Benutzt man dann eine Kastanie, die in weiße Farbe getaucht war, ergibt es Kontrasteffekte.
– Dunkles Blau auf hellblauen Tonpapier oder dunkles Rot auf orangefarbenem Tonpapier ergibt reizvolle Ton-in-Ton-Graphiken.

Kammbilder

Dickflüssige Farbe wird in Klecksen auf ein Papier gebracht. Mit einem Kamm wird die Farbe verteilt.

Anregungen an die Kinder
- Die Kinder sollen beobachten, welche Strukturen entstehen.
- Sie können mit den Fingern zusätzliche Linien in der Farbe ziehen.

Weiterführende Variationen
- Kämme mit unterschiedlich eng oder weit voneinander abstehenden Zähnen ergeben unterschiedliche Strukturen.
- Mit einem dicken Pinsel können die „Zahnspuren" der Kämme auf dem Papier teilweise verwischt werden, so daß neue Farbflächen entstehen, die sich mit den „Zahnspuren" abwechseln.

Ast-Skulptur

Der Ast eines Baumes mit sehr vielen kleinen Verzweigungen wird mit Stücken von Gipsbinden eingewickelt: Zunächst werden die ganzen Zweige einzeln umwickelt. Mit sehr dünnen, langen Streifen von Gipsbinden können die Äste auch miteinander so verbunden werden, daß sie zwischen den einzelnen Ästen durchhängend antrocknen, was zu einem Effekt führen kann, der an Spinnweben erinnert. Das fertige Objekt kann bemalt und von der Zimmerdecke herab aufgehängt werden. Handelt es sich um einen sehr dicken Ast, so kann in das dicke Endstück des Astes ein Loch gebohrt werden. Eine weitere Bohrung wird in einem Holzsockel angebracht, und mittels eines Metallsplintes werden beide Teile so miteinander verbunden, daß das fertige Objekt aufrecht gestellt werden kann.

Anregungen an die Kinder
- Überlegen, ob der Ast vollständig von Gipsbinden eingewickelt werden soll oder ob Teile des Astes erkennbar bleiben sollen.

Weiterführende Variationen
- Die grau-weiße Farbe des angetrockneten Gipses kann mit weißer Farbe übermalt werden.
- Schwarz-weiß Kontraste bei der Bemalung vertiefen die bizarre Wirkung.

Wandrelief

Man schneidet ein Stück Maschendraht von verschiedenen Seiten tief bis in die Mitte mit einer Haushaltsschere ein. Die noch miteinander verbundenen Drahtstreifen werden in alle Richtungen verbogen. Dann wird das Drahtgebilde auf eine Holzplatte genagelt. Mit Gipsbindenstücken werden Teile des Drahtes so umwickelt, das man nur noch an einigen Stellen den Draht sieht. Nach dem Austrocknen des Gipses können die Flächen bemalt werden. Ein Loch wird in die Holzplatte gebohrt und das fertige Objekt als Relief aufgehängt.

Anregungen an die Kinder
- Sie sollen mit feuchten Fingern den Gips so verstreichen, daß man seine Gewebestruktur zunehmend weniger sieht.
- Sie sollen angeregt werden, bei der Bemalung des Objektes nicht mehr als drei Farben zu verwenden und auch noch kleine Flächen des weißen Gipses unbemalt sichtbar zu lassen.

Weiterführende Variationen
- Die Kinder können mit Hilfe der Gipsbinden auch noch kleine Holzstücke oder Kastanien in das Objekt einmodellieren.
- Eine Bemalung in Kontrasten, wie z. B. mit den Farben Rot und Schwarz oder Blau und Schwarz, bewirkt eine Verstärkung der bizarren Formen.

Holzwollebild

Man nimmt eine beliebig große Spanplatte, auf die Holzwolle dick verteilt wird. Diese wird mit Bindedraht befestigt, indem man den Draht unregelmäßig und an verschiedenen Stellen um die Platte mit der Holzwolle herumwickelt.

Anregungen an die Kinder
- Sie sollen den Draht fest genug ziehen, so daß die Holzwolleknäuel gut befestigt sind.
- Sie können mit Farben und dicken Pinseln die Holzwolle betupfen, so daß Farbstrukturen entstehen.

– Dünne Streifen Stoffs können in den Bindedraht zusätzlich eingeflochten werden.

**Weiterführende
Variationen**

– Anstelle von Holzwolle läßt sich auch Stroh oder Heu verwenden.
– Man kann das Bild mit Naturmaterialien wie Blättern, Stöcken,
Bast oder Moos ergänzen.

Gipsbild

In einen größeren, aber niedrigen Karton wird flüssiger Modellier-
gips eingegossen. Die Schicht soll mindestens 3 cm dick sein. In die
noch feuchte Schicht können Naturmaterialien wie Steine, Muscheln, Stöckchen und auch Glasperlen eingedrückt werden.

**Anregungen
an die Kinder**

– Die Kinder sollen versuchen, die Gegenstände ein wenig auf der
Platte aufzuteilen oder zu gruppieren und nicht wahllos zu verteilen.

**Weiterführende
Variationen**

– Anstatt Gegenstände in den feuchten Gips zu drücken, lassen sich
mit spitzen Gegenständen, wie z. B. langen Zimmermannsnägeln,
Muster und Linien in den Gips ritzen. Wenn man nach dem
Durchtrocknen der Gipsplatte vorsichtig Farbe auf die Flächen
aufträgt, dann kommen die weißen Linien deutlich hervor. Das
Bild kann dann aufgehängt werden.

Literatur

Aktion Jugendschutz Landesarbeitsstelle Bayern e.V.	Projekt Spielzeugfreier Kindergarten (Anschrift: Fasarienstr. 17, 80636 München)

Ayres, A. J.: Lernstörungen, Berlin 1979
Baustein der kindlichen Entwicklung, Berlin 1984

Becker-Textor, I. Kreativität im Kindergarten, Freiburg, Basel, Wien 1988

Beer, U. / Erl, W. Entfaltung der Kreativität, Tübingen 1972

Böhnisch, L. Sozialpädagogik des Kindes- und Jugendalters, Weinheim, München 1992

Braun, D. Handbuch Kunst und Gestalten. Theorie und Praxis in Kindergruppen, Freiburg, Basel, Wien 1998

Cszikszentmihalyi, M. Flow – Das Geheimnis des Glücks, Stuttgart 1992
Kreativität. Wie Sie das Unmögliche schaffen und Ihre Grenzen überwinden, Stuttgart 1996

Czichos, R. Creaktives Account-Management. Kunden-, Verkäufer- und Vertriebsmanagement, München 1995

de Bono, E. „Serious Creativity". Die Entwicklung neuer Ideen durch die Kraft lateralen Denkens, Stuttgart 1996

Dewey, J. Kunst als Erfahrung, Frankfurt 1988

Erikson, E. H. Wachstum und Krisen der gesunden Persönlichkeit, Stuttgart 1953

Freud, S. Formulierungen über zwei Prinzipien des psychischen Geschehens. Gesammelte Werke (Band VIII), London 1941

Fromm, E. Die Seele des Menschen, München 1988

Flitner, W. Die Erziehung. Pädagogen und Philosophen über die Erziehung und ihre Probleme, Bremen 1961

Fritz, J. Spielzeugwelten. Eine Einführung in die Pädagogik der Spielmittel, Weinheim, München 1989

Gardner, H. So genial wie Einstein. Schlüssel zum kreativen Denken, Stuttgart 1997

Goleman, D. Emotionale Intelligenz, Wien 1996

Goleman, D. / Kaufman, P. / Ray, M. Kreativität entdecken, München, Wien 1997

Grüneisl, G. / Zacharias, W.	Die Kinderstadt. Eine Schule des Lebens. Handbuch für Spiel, Kultur, Umwelt, Reinbek bei Hamburg 1989
Guilford, J. P. / Hoepfner, R.	Analyse der Intelligenz, Weinheim 1992
Heckhausen, H.	Motivationsanalysen, Berlin, Göttingen, Heidelberg 1974
Hentig, H. von	Mythos Kreativität, in: Psychologie Heute 2/98 Kreativität. Hohe Erwartungen an einen schwachen Begriff, München, Wien 1998
Hetzer, H. / Todt, E. / Seiffge-Krenke, I. / Arbinger, R. (Hrsg)	Angewandte Entwicklungspsychologie des Kindes- und Jugendalters, 2. überarbeitete und erg. Auflage, Heidelberg, Wiesbaden 1990
Huber, A.	Stichwort Kreativität, München 1998
Huizinga, J.	Homo ludens, Hamburg 1956
Hurrelmann, K.	Das Modell des produktiv realitätsverarbeitenden Subjekts in der Sozialisationsforschung, in: Zeitschrift für Sozialisationsforschung und Erziehungssoziologie, 3, 1983
Kandinsky, W.	Essays über Kunst und Künstler, Stuttgart 1955
Koestler, A.	Der Göttliche Funke, München 1969
Landau, E.	Psychologie der Kreativität, München, Basel 1969
Lange, U. / Stadelmann, Th.	Spiel-Platz ist überall. Lebendige Erfahrungswelten mit Kindern planen und gestalten, Freiburg, Basel, Wien 1996
Linneweh, K.	„Kreatives Denken", Rheinzabern 1991
Maslow, A.	Motivation und Persönlichkeit, Hamburg 1981
Mogel, H.	Psychologie des Kinderspiels, Berlin, Heidelberg, New York 1991
Montessori, M.	Kinder sind anders, 10. Auflage, München 1995. Titel der italienischen Originalausgabe: Il segreto dell'infanzia, Mailand 1950
Niermann, M. M. (Hrsg.)	Wörterbuch der Vorschulerziehung, Heidelberg 1979
Oech, R. von	Der kreative Kick, Paderborn 1994
Oerter, R.	Moderne Entwicklungspsychologie, Donauwörth 1975
Oerter, R. / Montada, L.	Entwicklungpsychologie, München 1982
Olbrich, E.	Die Entwicklung der Persönlichkeit, in: Hetzer/Todt u. a.: Entwicklungspsychologie des Kindes- und Jugendalters, Heidelberg, Wiesbaden 1990
Piaget, J.	Das Erwachen der Intelligenz beim Kinde. Gesammelte Werke 1, Studienausgabe, Stuttgart 1975 Der Aufbau der Wirklichkeit beim Kinde, Stuttgart 1975
Pink, R.	Wege aus der Routine. Kreativitätstechniken für Beruf und Alltag, Stuttgart 1996

Preiser, S.	Kreativitätsforschung, Darmstadt 1976
Rodari, G.	Grammatik der Phantasie, Leipzig 1992
Roth, H.	Pädagogische Anthropologie, Band 1, 4. Auflage, Hannover 1976
Rowell, M.	Skulptur im 20. Jahrhundert, München 1986
Schäfer, G.	Bildungsprozesse im Kindesalter. Selbstbildung, Erfahrung und Lernen in der frühen Kindheit, Weinheim, Müchen 1995
Schäfer, K. H. / Schaller, K.	Kritische Erziehungswissenschaft und Kommunikative Didaktik, Heidelberg 1976
Schraml, W. J.	Einführung in die moderne Entwicklungspsychologie für Pädagogen und Sozialpädagogen, Stuttgart, 7. Auflage 1990
Selle, G.	Gebrauch der Sinne, Hamburg 1993
Uhmann, G. (Hrsg)	Kreativitätsforschung, Köln 1973
Weiner, B.	Motivationspsychologie, Weinheim 1984
Werner, H.	Einführung in die Entwicklungspsychologie, München 1953
Wygotski, L. S.	Denken und Sprechen, Frankfurt 1986

Weitere Handbücher

Dietmar Böhm / Regine Böhm /
Birgit Deiss-Niethammer
**Handbuch
Interkulturelles Lernen**
Theorie und Praxis für die Arbeit in
Kindertageseinrichtungen
265 Seiten, gebunden
ISBN 3-451-27001-3

Armin Krenz
Handbuch Öffentlichkeitsarbeit
Professionelle Selbstdarstellung für
Kindergarten, Kindertagesstätte und
Hort
240 Seiten, gebunden
ISBN 3-451-26966-X

Eva-Maria Leupold
**Handbuch der
Gesprächsführung**
Problem- und Konfliktlösung im
Kindergarten
248 Seiten, gebunden
ISBN 3-451-26779-9

Erich Lutz / Michael Netscher
**Handbuch Ökologischer
Kindergarten**
Kindliche Erfahrungsräume
neu gestalten
328 Seiten mit 40 Farbfotos und
120 Grafiken, gebunden
ISBN 3-451-23945-0

Hans-Joachim Schmutzler
**Handbuch Heilpädagogisches
Grundwissen**
Einführung in die Früherziehung
behinderter und von Behinderung
bedrohter Kinder
352 Seiten, gebunden
ISBN 3-451-27002-1

Renate Zimmer
**Handbuch der
Bewegungserziehung**
Didaktisch-methodische
Grundlagen für die Praxis
224 Seiten, gebunden
ISBN 3-451-26906-2

Renate Zimmer
Handbuch der Psychomotorik
Theorie und Praxis der psycho-
motorischen Förderung von
Kindern
272 Seiten, gebunden
ISBN 3-451-26621-0

Renate Zimmer
**Handbuch der
Sinneswahrnehmung**
Grundlagen einer ganzheitlichen
Erziehung
224 Seiten, gebunden
ISBN 3-451-26905-8

HERDER Im Buchhandel erhältlich!

Kleine Künstler fördern und verstehen

Daniela Braun
Handbuch Kunst und Gestalten
Theorie und Praxis für die Arbeit
mit Kindergruppen
240 Seiten mit 16 vierfarbigen
Seiten, gebunden
ISBN 3-451-26617-2

Malen und Gestalten sind neben dem Sprechen die wichtigsten Ausdrucks-
möglichkeiten von Kindern. Erwachsene übersehen oft, welche Bedeutung
in kindlichen Werken steckt und wie sehr Kinder ihre Welt über künstleri-
sches Gestalten ausleben und erweitern können.
Die Autorin beleuchtet in ihrem Buch die verschiedenen Aspekte der kindlichen Kunst in Kindertageseinrichtungen. Neben einer leichtverständlichen
Theorie der bildenden Kunst und einer Einführung in die Entwicklungs-
phasen kindlichen Gestaltens bietet das Buch ErzieherInnen vielfältige
Ideen für zwei- und dreidimensionales Gestalten mit Kindern und für eine
gelungene Präsentation der Werke.
Ein umfassendes und hilfreiches Handbuch, das theoretische Grundlagen
und pädagogische Praxis verbindet und dazu anregt, sich mit kindlicher
Kunst und ihrer Förderung auseinanderzusetzen.

HERDER   **Im Buchhandel erhältlich!**

Daniela Braun

Handbuch Kreativitätsförderung